工业和信息化普通高等教育“十三五”规划教材立项项目

新媒体营销

营销方式 + 推广技巧 + 案例解析

杜一凡 胡一波／主编
梅花·托哈依 陈志轩 王冬霞／副主编

人 民 邮 电 出 版 社
北 京

图书在版编目（CIP）数据

新媒体营销 : 营销方式+推广技巧+案例解析 / 杜一凡，胡一波主编. -- 北京 : 人民邮电出版社，2017.8（2021.3重印）
ISBN 978-7-115-46085-1

Ⅰ. ①新… Ⅱ. ①杜… ②胡… Ⅲ. ①网络营销 Ⅳ. ①F713.365.2

中国版本图书馆CIP数据核字(2017)第132299号

内 容 提 要

本书从企业营销的角度入手，为读者系统地介绍了新媒体营销的基础知识和基本概念，并从实际角度出发，详细介绍了当前最火爆的各大新媒体营销方法、技巧和策略，包括门户网站营销、视频网站营销、搜索引擎营销、论坛营销、社区营销、博客营销、微博营销，以及QQ、微信、App等手机新媒体营销方式和自媒体营销、移动广告营销等，集理论、技巧、实践于一体，加上丰富的案例分析，旨在为读者从事新媒体营销工作提供有益借鉴。

本书适合从事企业营销和新媒体传播实践工作的人员阅读，也可作为本科院校及高职高专院校市场营销类、企业管理类、商业贸易类、电子商务类专业的新媒体营销课程的教学用书。

◆ 主　　编　杜一凡　胡一波
副 主 编　梅花•托哈依　陈志轩　王冬霞
责任编辑　孙燕燕
责任印制　周昇亮

◆ 人民邮电出版社出版发行　　北京市丰台区成寿寺路 11 号
邮编　100164　　电子邮件　315@ptpress.com.cn
网址　http://www.ptpress.com.cn
涿州市京南印刷厂印刷

◆ 开本：787×1092　1/16
印张：10.25　　2017 年 8 月第 1 版
字数：200 千字　　2021 年 3 月河北第 10 次印刷

定价：35.00 元

读者服务热线：(010)81055256　印装质量热线：(010)81055316
反盗版热线：(010)81055315
广告经营许可证：京东市监广登字 20170147 号

前言

Preface

小米科技联合创始人黎万强曾经用拳击来比喻营销："直拳"寓意每一次试探的接触、节奏的变化；"右勾拳"则是一次精心准备、力量十足的决定性"销售转化召唤"。这种说法将企业与客户之间的情感联系比作"直拳"，而这一次次的"直拳"将会对自己将要打出的"右勾拳"（即销售转化）打下良好的基础。那么，这一次次"直拳"又该如何平稳矫健地打出去呢？随着互联网的不断发展，林林总总的新媒体形态出现在人们的视野中，其前所未有的互动性，使得信息资源的交换和共享得到了进一步增值，同时也加大了信息的黏合力与传播效果，从根本上改变了人们的生活方式。而这些形态多变的新媒体，也成为各大企业营销的关键战场。黎万强还曾表示，做营销其实就是做人，要想"取"就先要"予"，这一点与新媒体营销不谋而合。要想做好新媒体营销，首先就要获得客户的喜爱、赞赏、信任和依赖，企业则要通过一次次营销手段来获得客户的认同，从而提高自己的品牌价值。

当前，很多企业都在利用新媒体进行营销，而这些企业中的大部分人也都将重点放在了产品宣传和销售活动上，忽略了新媒体营销的本质，即让客户认同和喜爱自己的产品和品牌。其实只要真正做好了新媒体营销，我们甚至不用提自己的产品，通过内容就可将产品印象第一时间传递给客户，使得客户与企业在产品品质方面有更多的共通点。那么，企业究竟该如何进行新媒体营销，又该如何合理吸引客户呢？本书将为您理顺思路，畅享新媒体新方法。

本书具有以下几个特点。

（1）更具现代感。本书一改其他新媒体营销教材过于死板、强调理论的局限性，采用朴实的语言和更容易让读者理解与接受的方式，为读者讲解新媒体营销的方法论和实战案例经验，内容与当下企业新媒体营销紧密结合，更具现代感。

（2）更具实用性。全书编写循序渐进，从基本概念入手，接着讲述了新媒体营销的各种方法与技巧，每个课时都与企业现实营销紧密结合，可行性极强。与此同时，教材中还涉及各种案例，极大地满足了读者的需求。

（3）更具操作性。本书每个课时之后都设置了案例和实战训练，让读者在学习借鉴的同时，从自身角度入手，形成实践操作体系，并通过探讨学习，充分掌握新媒体营销的方法和技巧。

本书由杜一凡、胡一波任主编，梅花·托哈依、陈志轩、王冬霞任副主编，具体分工如下：杜一凡负责编写第 1 章、第 3 章；胡一波负责编写第 2 章、第 5 章；梅花·托哈依负责编写第 7 章；陈志轩负责编写第 6 章；王冬霞负责编写第 4 章。全书由杜一凡统稿。

本书在编写过程中，得到诸多朋友帮助，还参考了许多学者的研究成果，在此表示诚挚感谢。限于编者水平，本书若有不当之处，欢迎专家和学者批评指正。

编　者

2017 年 2 月

目录

Contents

第1章 新媒体营销概述

学习目标

1. 了解新媒体营销的概念与优势。
2. 了解新媒体营销的核心理论和使用工具。
3. 了解新媒体营销的九大方法。

通过本章的学习，读者能从实践的角度出发，了解新媒体营销的特点、理论和方式，为新媒体营销做好充足的准备。

1.1 新媒体与新媒体营销

新媒体是相对于传统媒体而言的概念。对于报刊、广播、电视和户外这四大传统媒体来说，新媒体也被称为“第五媒体”。对于新媒体的具体概念，不同的人有不同的观点。

清华大学教授熊澄宇认为新媒体是一个不断变化的概念：“新媒体在今天网络的基础上又有延伸，无线移动的问题，以及其他新的媒体形态，跟计算机相关的，都可以说是新媒体。”

相关专家指出：“媒体构成的基本要素有别于传统媒体，才能称得上是新媒体；否则，最多也就是在原来基础上的变形或改进提高。”“目前的新媒体应该定义为在电信网络基础上出现的媒体形态——包括使用有线和无线通道的方式。”

相关学者认为：“新媒体就是互动式数字化复合媒体。”

随着新媒体的出现，客户将原来花在传统媒体上的时间逐渐转移到新媒体上。因此，新媒体逐渐成为一些企业进行市场投放的首选，新媒体营销也成为当下火热的营销趋势。那么，什么是新媒体营销呢？

新媒体营销是利用新媒体平台来进行营销的一种模式。新媒体营销通过在新媒体上发布影响广泛的信息，使人们参与到具体营销活动的互动中。在特定产品的概念诉求与问题分析上，它对消费者进行针对性引导。它借助媒体平台和舆论热点来向消费者传递某种概念、观点和思路，以达到企业的商业策略软性渗透，使企业更好地得到品牌的宣传和销售。不同于传统营销的思维方式，新媒体营销的思维方式更具有体验性、沟通性、差异性、创造性和关联性。

以产品驱动为出发点的新媒体营销定位于产品特色，通过对产品的清晰定位和有特色的运营策略，以合理的组合方式在较短的时间内得到极高的曝光率和消费者的认可。

新媒体营销是通过“三步走”来实现的（见图 1-1）。

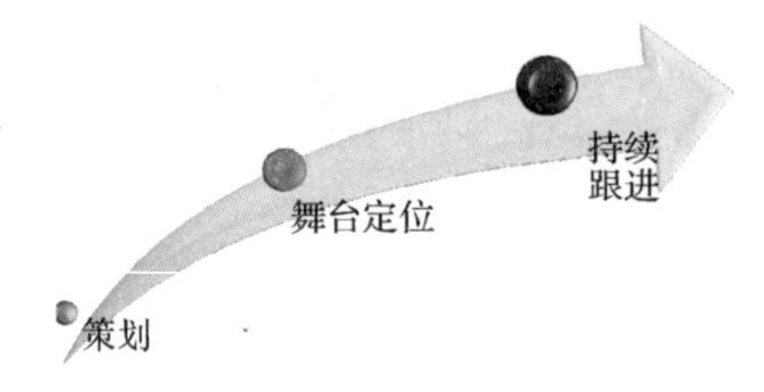

图 1-1 新媒体营销的“三步走”步骤

（1）策划

根据产品的具体特征来提取核心诉求，采用合理的方式和表现形式进行事件营销。全面了解客户的不满之处，充分利用人们的从众心理，使客户在对事件的讨论中产生共鸣。

（2）舞台定位

选择合适的新媒体操作平台，来进行新媒体营销。企业可以在微博、微信等平台制造话题，引导人们参与其中；利用人群聚合效应，使产品的宣传得到更广泛的扩散。

（3）持续跟进

在完成前两步后，需要持续跟进，以企业的账号慢慢渗透，来使新媒体营销的效果得到更广阔的延伸。

1.2 新媒体营销的优势

新媒体营销使用的是新媒体平台，如微博、微信等。这些新媒体平台本身就有很强大的网状人际关系结构，具有速度快、传播广、成本低、目标精准、互动性强的优势。

1. 速度快

首先，从传播途径来看，新媒体更易引起人们的广泛关注，更能满足人们对各类信息的获知需求（如思想需求、心理需求、审美需求、利益需求等），加上传播速度快，因此更受人们欢迎。

其次，从表现手法来看，新媒体平台的信息发布比较便捷、限制较少。人们可以随时随地地通过新媒体平台关注、分享身边的新鲜事，自由表达自己的想法。而且在这种情况下，他们参与活动的概率也就更大。

2. 传播广

随着互联网技术的不断发展，新媒体的传播渠道也越来越多，主要有微博、微信、博客、网络视频、网络社交等。而新媒体营销不受时间和空间的限制，可以不间断地向全国各地传播信息。

3. 成本低

新媒体采用多元化方式宣传企业品牌，使得营销成本大大降低。相比于过去企业通过投入大量资金在电视上打广告、建立网站以及每日发布信息，新媒体的很多平台都是免费的，并且可以随时随地分享资源。例如，在微信平台上建立公众账号、在微博上建立官方微博、在 QQ 上建立粉丝群等。

与此同时，新媒体还降低了传播成本。传统的媒体，需要花费大量资金进行推广；而新媒体，创造的内容更有创意、更具价值，人们乐意进行转载分享，从而可以快速地将信息传递下去。

4. 目标精准

新媒体营销的广告投放更精准。就像对症下药一样，目标受众看到的广告是更适合自己的广告，而不用遭受无关信息的干扰；非目标群众不用接受相关广告信息，也降低了企业的宣传费用。此外，精准投放广告，不仅可以节约成本，而且更容易锁定目标客户，极大地提高了广告主的投资回报率。

5. 互动性强

新媒体营销有多个传播点，可以实现企业与目标客户的双向沟通。随着科学技术的发展，目标客户不仅可以在新媒体平台上进行工作，还可以在新媒体平台上进行娱乐消费等，其互动特性得到了极大凸显。在这种情况下，新媒体平台也在悄悄地改变着人们的生活方式与社交行为。

1.3 新媒体营销的核心理论

市场营销中有诸多理论，包括 4P、4C 和 4I 等。而新媒体营销的指导核心策略，也可以用到 4I 理论。4I 理论适用于传播方式较为广泛的网络营销，如微信营销、内容营销、自媒体营销等。因此，新媒体营销可以根据 4I 理论制定基本或整体营销策略。那么，如何来理解新媒体营销的 4I 核心理论呢？

在互联网媒体的不断发展下，信息出现过剩的情况，传统的营销理论已经难以顺应新媒体传播的发展。在这样的大背景下，基于内容整合的有趣（Interest）、给客户带来利益（Interest）、做到和客户互动（Interaction）、让客户彰显个性（Individuality）的 4I 理论应运而生。

——古振定义

1. Interest 趣味原则

中国互联网以娱乐为基本属性之一。如果将互联网比作娱乐圈，那么不管是做广告还是做营销都要符合娱乐化和趣味性的原则。

无论是新媒体的内容运营，还是以互动广告的方式进行的品牌传播，都要饱含趣味性。因为广告本身讲究创意，而互联网时代下的新媒体营销则需要既有趣又好玩儿的创意属性。

2. Interests 利益原则

营销活动要以为目标受众提供切实可行的利益为基础。

任何营销活动都要站在目标受众的角度思考问题，试想一下目标受众为什么要参加你的活动、参加活动对他们又有什么好处。这样努力挖掘客户的心声，分析人类所共有的贪欲，结合营销方式和技巧，设法激发客户的参与欲望，最终就能引导客户产生进一步的行动。

对于网络广告（如 SEM）来说，利益原则产生的效果非常明显。以客户的利益为出发点，通过文案和创意的调整，有针对性地设置着陆页面，并添加无风险承诺，就可以有效提高客户转化率。

3. Interaction 互动原则

网络具有交互性，通过利用网络的特性与客户进行交流来避实就虚可以使网络营销发挥到极致。

网络媒体的特色之一就是互动。新媒体营销若能做到高度互动，那么将会带来意想不到的效果。

4. Individuality 个性原则

新媒体营销实现个性化，将会使客户得到被关注、被重视的满足感。以投其所好的方式进行新媒体个性化营销，不仅可以引发互动，更能够有效提高购买消费行为发生的概率。

新媒体个性化营销旨在让客户感到这个营销活动就是为自己量身打造的，使客户的虚荣心得到极大的满足，从而促成交易行为。随着大数据时代的来临，细分客户群体变得越来越精准，这样可以有效实施较有针对性的营销方案，从而使得网络营销趋势越加个性化。

【知识链接】

1. 4P 理论

4P 指的是产品（Product）、价格（Price）、促销（Promotion）、渠道（Place）四大要素。该理论在 1960 年由密西根大学教授杰罗姆·麦卡锡（E.Jerome Mccarthy）提出，对营销进行了简化，使得其记忆与传播变得更加方便。

2. 4C 理论

4C 是指以顾客为中心进行企业营销活动规划设计，包括顾客需求（Consumer's Needs）、成本（Cost）、沟通（Communication）和便利性（Convenience）。即"从产品到如何实现顾客需求（Consumer's Needs）的满足，从价格到综合权衡顾客购买所愿意支付的成本（Cost），从促销的单向信息传递到实现与顾客的双向交流与沟通（Communication），从通路的产品流动到实现顾客购买的便利性（Convenience）。"

1.4 新媒体营销的方法

新媒体依靠其极高的传播速度以及广泛的受众群体，而成为当前市场的主流营销方法。本节我们将学习新媒体营销的常见方法。

1.4.1 病毒营销

病毒营销是一种通过客户之间的自发传播，从而达到像病毒一样快速蔓延，并迅速形成较大影响力的营销方式。病毒营销具有 8 种不同的传播方式，具体如下。

1. 天生的传播特性

在病毒营销 8 种传播方式中，天生的传播特性是其中最古老的传播方式。简单理解就是，如果我们的产品和内容足够好，客户自然会主动成为产品的“传播者”。当然在刚开始时，这种传播效果可能不太明显，但是经过一段时间的发酵后，产品销量就很容易呈现出爆炸性增长态势。例如，脸书（Face book）开发的 Skype，就是其中的典型案例。

2. 协同效应传播

协同效应传播不仅对单个客户来说有一定意义，而且一旦该客户将产品推荐给更多的人使用，那么对他的意义就会更大，从而很容易促使客户进行病毒式传播。例如，Dropbox 是用来存储文件的产品，如果我们能够和别人共享文件，Dropbox 就会为我们带来更显著的价值。

3. 沟通效应传播

这是一种经常在交流工具中出现的传播方式。当我们使用一种交流工具（如邮件）与他人进行交流时，会经常性地出现某个名称，从而让我们对其产生记忆，以达到病毒式传播的效果。例如，我们经常会在某些微博下看到“来自 36 氪”“来自 FaWave”等字样，因此在不经意间就记住了该产品。

4. 激励效应传播

这其实就是一种奖励传播方式，指的是通过为客户提供一定的传播奖励，鼓励他们邀请其他人加入。例如，某些游戏设置的游戏币奖励、Dropbox 的增加空间奖励等。这种传播方式操作起来很简单，而且十分有效，是一种很好的营销选择。

5. 可植入性传播

这是一种十分适合内容性网站的营销方式，如文章、资料、视频等。在这些内容中，营销者可以通过植入原创信息的方式，展开推广活动。这种营销方式的好处是，不管内容如何传播，总会让客户看到原创信息，并达到很好的传播效果。例如，当下很流行的“视频广告”，就是先来一段制作精良的画面，然后出现品牌名称，以便客户产生记忆。

6. 签名式传播

这种方式就像其名称表述的那样，它通过在传播主体上添加签名的方式，展开传播推广。例如，我们经常看到的调查报告，往往可以在其中发现“来自××调查网站”之类的字样。这样就很容易使我们对该网站产生一定的关注兴趣，进而促进病毒式传播的产生。

7. 社交化传播

这种方式更多地依赖于 Facebook、微博等社交网络。当客户使用某产品或进行某项活动

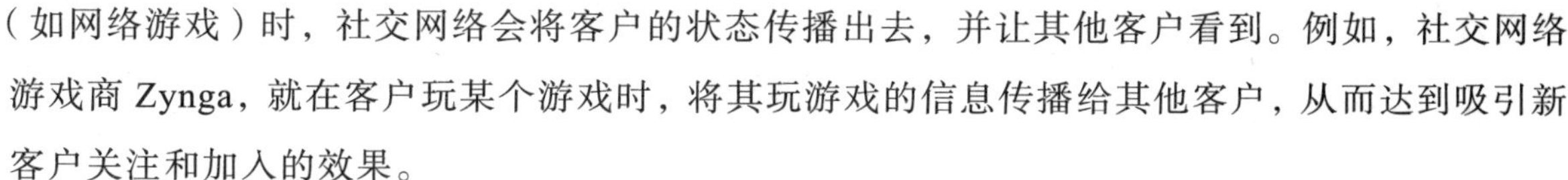

（如网络游戏）时，社交网络会将客户的状态传播出去，并让其他客户看到。例如，社交网络游戏商 Zynga，就在客户玩某个游戏时，将其玩游戏的信息传播给其他客户，从而达到吸引新客户关注和加入的效果。

8. 话题性传播

这种方式具有口碑效应的某些因素，但并不等同于口碑效应。具体来说，就是制造一个让客户乐于关注和讨论的事件。例如，小米的高性价比、苹果的高端简洁、锤子手机创始人罗永浩的各种惊人言辞等。值得注意的是，这种传播方式需要一种正面的话题，如果是反面的话题，就会脱离病毒式营销的范畴，而变成公关危机了。

1.4.2 事件营销

什么是事件营销？通过策划和组织并利用有价值、有影响力、有名人效应的事件，引起媒体、社会和消费者的兴趣，促使企业或产品的形象更出名，最终使产品和服务销售出去的手段和方法，这就是事件营销。事件营销方式突发性更强，它可以用较低的成本在短期内把信息更广、更优地传播出去，因而是目前较为流行的一种市场推广方式。

1. 事件营销的特点

（1）免费性：事件营销是借助新闻热点达到宣传目的，而新闻本身是免费的，所以事件营销具有免费性。从严格意义上来讲，营销事件属于企业的公关而非广告。一件有价值的公关事件应具备足够的新闻价值，才能得到媒体的广泛关注。

（2）目的性：在进行事件营销时，要明确营销的目的。具体就是要明确通过什么样的新闻可以引起媒体的广泛关注，从而达到自己预期的目标。

（3）风险性：新闻事件一旦发生，媒体和群众的反应都将不可控，这就使得事件营销存在一定的风险性。

（4）多样性：事件营销集新闻效应、广告效应、公共关系、形象传播和客户关系于一体，因此具有多样性的特点。

（5）新颖性：如今，事件营销常常借助一些热点新闻来进行营销。这些热点事件大都新奇、有趣、充满创意，更容易被群众关注。只有事件具有新颖性，才能引起广泛热议，从而达到营销目的。

（6）效果明显：事件营销的热点事件可以聚集大量群众关注，引发各媒体平台疯狂转载。可想而知，效果一定会很明显。

（7）求真务实：恶意炒作的事件，虽然能在短时间内得到群众的关注，但是一旦群众觉醒，就容易对炒作的企业产生不好的影响。因此，企业在进行事件营销时要实事求是，才能长远发展。

2. 事件营销的要素

构成新闻事件的客观事实的要素决定着新闻事件价值的大小，新闻事件价值的大小又决定着新闻事件的着重处理程度。事件营销成功的因素包括以下 4 点，而这 4 点要素被新闻事件包含得越多，事件营销成功的概率就越大。

（1）重要性：指事件的重要程度。一般来说，越是对人们产生巨大影响力的新闻事件，价值就越大。新闻事件对社会的影响程度，是判断内容是否重要的标准之一。因此，在进行事件营销时，要尽量选择影响力比较大、比较重要的事件。

（2）接近性：人们总是对自己的家乡、居住地和有美好回忆的地方满怀特殊的感情。因此，在策划营销事件时，要遵循与心理、地理、利益等相近的原则，选择与受众生活接近的相关事件。只有让事件与受众群体息息相关，才能更广泛地引起人们的注意，达到事半功倍的效果。

（3）显著性：国家元首、政府要人、知名人士、历史名城更容易产生重大新闻。如果在进行事件营销时，能借助这些重大新闻，将会产生更大的传播影响力。因此，人物、地点、事件的知名程度越显著，营销事件的成功概率就越大。

（4）趣味性：每个人都具有好奇心，因此对于新奇、反常、变态、有人情味的事件他们会更容易去积极探索和接受。营销事件具有趣味性，可以更好地勾起并满足人们的好奇心。

3. 事件营销的步骤

进行事件营销时，企业可以按照以下步骤实施（见图 1-2）。

图 1-2　事件营销的实施步骤

（1）制造热点：可以制造一些比较能吸引人的热点事件，抓住粉丝的眼球。事件的形式可搞笑、可有争议、可特立独行，总之要能引起人们的讨论。

（2）选择渠道：在进行事件的炒作时，要选择一些人气比较旺的平台，如天涯论坛、百度贴吧等，才能达到引流的效果。

（3）持续跟进：当事件发酵到一定程度后，要有后继事件和情节的跟进，并利用人们的好奇心持续推动事件的发展。

（4）团队配合：进行事件营销时，要通过团队的配合，来不断对事件进行造势，以扩大传播范围。

1.4.3 口碑营销

一个企业只有拥有了良好的口碑，才能更长远地发展下去。什么是口碑营销呢？利用地方特产、老字号厂家和企业品牌的口碑来进行营销的手段和方式称为口碑营销。新媒体营销对口碑与网络营销进行了有机结合。企业利用新媒体平台，将产品的口碑以文字为载体，使企业与消费者进行互动，从而获得销售效益。

1. 特点

口碑营销在企业和品牌的发展中十分重要，那么它具备怎样的特点呢？

（1）可信度高：口碑营销基本上都是发生在较为亲近和密集的群体中，如朋友、同学、同事等。相对于广告和商家的推荐，人们还是觉得身边的朋友、同学、同事、亲戚的话语更可信。因此，口碑营销的可信度比较高。

（2）传播成本低：口碑营销基本上不需要广告费用，仅需提供企业的良好形象即可。相对于花费巨资的广告、促销等活动，口碑营销成本低而且更简单奏效。

（3）团体性强：不同层次的消费群体间，有不同的消费需求。正所谓“物以类聚，人以群分”，处于同一消费水平的人的话题和焦点会更为相似。一旦某个品牌被其中一人或者几人所喜爱，那么该品牌的口碑就会通过各种关系链在整个群体中传播开来。

2. 发布渠道

进行新媒体口碑营销时，在微博、微信朋友圈、QQ、IM、论坛等人员比较密集、社交性比较强、传播范围比较广的平台来发布消息更容易树立口碑。

3. 策略

口碑营销具有营销效果可视、营销数据可追踪、营销服务行业排他、营销形式独特的特点，因而有公益营销、终端推广、降价促销、媒体广告 4 种策略。

（1）公益营销：公益营销是回馈他人、承担社会责任的一种活动。企业做公益活动，可能不会立刻收到回馈；但是在企业做公益活动的过程中，企业的形象得到了提升，企业的口碑也变得更好。企业做公益活动其实也是一种广告形式，虽然不能得到即时的利益，却有利于企业的长远发展。

（2）终端推广：消费者首先是通过广告对产品建立初步印象，而空间的距离和阻碍可能会使销量很小。消费者在去现场进行购买时，可能会转身选择其他产品。因此，终端推广很重要。在卖场，卖家可以借助横幅、小礼物等进行促销，增加消费者的购买欲望；在线上，可以采用广告和终端推广相结合的方式来获取销量，打造良好口碑。

（3）降价促销：由于同类产品的竞争较大，在供需失衡的市场里，卖家可以适当地进行降价销售。降价促销可以促使销量增加，但不能作为唯一的营销手段；否则，一旦竞争对手同样降价，就会造成两败俱伤。在保证产品质量和服务品质的基础上，适当地降价可以为产品树立良好的口碑。

（4）媒体广告：俗话说，“酒香也怕巷子深”。要树立企业和品牌的良好形象，仅仅依赖产品的质量是远远不够的，还应加大对产品的宣传力度。密集的高空广告可以使企业和产品得到更有力的传播，有利于品牌树立良好口碑。企业可以通过在新媒体平台进行广告宣传，来打响口碑，创造品牌竞争优势。

4. 怎样开展口碑营销

口碑营销有很多优点，如成本低、可信度高、团体性强等。因此，利用新媒体平台进行口碑营销，既能降低成本，又能树立企业的良好形象，可谓一举两得。那么，我们应该怎么开展新媒体口碑营销呢？接下来以微信口碑营销为例，介绍如何进行口碑营销。

（1）重视产品质量：要想使产品拥有良好的口碑，产品的质量首先要过关。在微信进行口碑营销时，不能卖假货和高仿货等，否则会砸了自己的招牌。质量过关的产品，在微信进行营销时，也可以更好地得到大家的认可和宣传。

（2）明确销售产品：在微信中要想树立口碑，产品的类型就要小而精。在进行微信营销的起始阶段，要明确自己的销售产品与方向，应先从单一的产品做起，万万不可急功近利，妄图一口吃成个胖子。在卖女性用品如化妆品时，就不要卖男性用品如剃须刀等，否则顾客会对店铺产生杂而乱的印象，不利于口碑的树立。

（3）服务要到位：当在实体店进行购物时，大家更愿意选择服务态度好的店，而不是服务态度差的店。微信营销也是如此，在与顾客进行沟通交流时，服务态度要诚恳、服务要贴心到位、要及时解答顾客的疑惑。

（4）“兔子也吃窝边草”：俗话说，“兔子不吃窝边草”。但是，对于刚刚开始进行微信营销、粉丝较少的商家来说，首先向朋友圈的熟人进行销售，不失为挖第一桶金的一种妙法。值得注意的是，向朋友圈的熟人推荐的产品质量要好、要符合其需求。一旦在熟人中树立了口碑，就更有利于向目标消费群众进行推广。

（5）拒做“刷屏党”：随着微商越来越多，朋友圈里出现一群令人反感的“刷屏党”。所以，在朋友圈进行微信营销时，要拒做“刷屏党”。每天只在朋友圈中发送一条商品信息，这样既可以展示自己的商品，也可以不让他人反感，更有利于口碑的树立。

与微信营销类似，其他的新媒体平台营销也要具备以上特点才能更好地树立自己的口碑。

1.4.4 饥饿营销

提起小米手机，大家都很熟悉。起步初期，小米手机以饥饿营销的方式使其品牌在短时间内被大家所熟知并引发抢购热潮。那么什么是饥饿营销呢？产品供应者故意降低产量、控制供求关系、制造“供不应求”的假象来维护产品的品牌形象，进而获得高售价和高利润的营销策略，即为饥饿营销。它多用于商品和服务的商业推广。

1. 核心

饥饿营销就是平常商家先用“秒杀”“限量”引起顾客的购买欲望，然后再降低供应量，制造“供不应求”的现象，以大大提高人们的购买欲望，为日后的大量销售奠定基础。

2. 运作模式

饥饿营销的运作模式是先定好令人惊喜的价格来吸引顾客，再通过调节供求两端的数量来影响最终的价格。当供不应求的假象形成后，再提高价格，树立品牌高价值的形象，从而获取利润。饥饿营销并非是处处适用的，只有在市场竞争小、消费者心态不成熟、产品不可替代性强的情况下才能发挥积极作用。

3. 负面影响

饥饿营销是一把双刃剑，在带来利益的同时，也可能会产生负面影响。负面影响主要有以下 3 点。一是顾客流失。当饥饿营销实施过度时，定价过低而销量过少，就可能使消费者“期望越大，失望越大”，进而选择其他企业或品牌的产品，造成顾客流失。二是品牌伤害。任何事物都有两面性：一方面，饥饿营销可以使企业和品牌得到更好的宣传，使其产生更多附加值；另一方面，如果运用饥饿营销不当，则会对品牌造成伤害。三是顾客反感。要知道，消费者购物心切、求新求快是饥饿营销的实施基础。过度地人为制造产品供应紧张的气氛，一旦消费者心理成熟，对这种做法产生反感，或者出现替代品，则会导致产品竞争力下降。

4. 步骤

饥饿营销的实施步骤如图 1-3 所示。

图 1-3　饥饿营销的实施步骤

实施饥饿营销，首先是要引起客户的注意；其次是要建立消费者对产品的需求；再次是使消费者对产品产生期望值，拥有强烈的购买欲望；最后是设立产品所需要的条件。

5. 技巧

新媒体平台信息传播速度快、信息量大，在进行饥饿营销时可以运用以下技巧。

（1）明确客户：明确客户的群体特征，积极探索客户的需求，提供创建内容的方向。

（2）内容要原创：原创优质内容更容易满足客户的需求。

（3）形式要多样化：可以采用不同的载体，如文字、图片、视频、动画、漫画、游戏等。

（4）依靠自然转载：可以在多个媒体平台发布，在内容优质的基础上，产品信息可以得到更好的传播。

6. 运作条件

从商家方面来讲，饥饿营销要根据消费者的心理激发其购买欲，宣传造势，扩大影响。从买家方面来讲，消费者要注意观察分析，不要被假象蒙蔽，做到理性消费。饥饿营销的运作要与消费者产生心理共鸣，根据产品自身的特点量力而行，切忌盲目自大。企业只有利用新媒体平台来宣传造势，并结合市场变化灵活调整策略，提高销售的服务质量，才能更好地发挥饥饿营销的作用。

1.4.5　知识营销

知识营销是指通过科普传播新的科学技术及其对人们生活的影响，使人们对产品产生新的概念以及需求，从而拓宽市场的一种营销手段。它与传统营销相比，有以下几种变化：营销环境发生质变、营销产品发生质变、营销方式发生质变；而其具体内容，则包括学习营销、网络营销和绿色营销 3 个方面。

1. 知识营销的特点

（1）营销环境发生质变：在知识经济时代，产品的营销环境发生了变化。企业与企业之间共有信息资源和知识，相互合作、相互竞争，呈现出一个在合作中竞争、在竞争中合作的良性循环环境。

（2）营销产品发生质变：不同于传统营销产品，知识型的高科技产品越来越受欢迎。知识型营销产品的销售者，需要具备较高的素质，懂得科学技术产品的内容、操作、维修知识等。

（3）营销方式发生质变：传统的产品营销是通过电视等广告向消费者传达产品信息的，这样消费者接收信息较为被动。而新媒体的知识则可以通过新媒体平台来传达产品信息，这样消费者与企业之间可以更好地进行互动。企业向消费者提供产品信息，消费者向企业提供反馈意见，最后企业再对产品进行修改。

2. 知识营销的内容

（1）学习营销：俗话说，"活到老，学到老"。可以说，终身学习的时代已经来临。在知识和信息大爆炸的时代，学习营销成为很受欢迎的一种营销手段。一方面，企业可以利用新媒体平台向消费者们传授新的科学技术，以实现信息共享，减少消费者的顾虑，如开通网络课程、微课等。另一方面，企业也可以利用新媒体平台向消费者和同行学习，如关注同行的微博、关注同行的微信公众号等。

（2）网络营销：简单来说，网络营销就是指利用互联网进行的营销。网络营销成本低、全天服务，不需要店面和货架，不仅可以同步进行广告促销和市场调查，还能拉近企业与消费者的距离，即时反映信息。

（3）绿色营销：随着生活水平的提高，消费者越来越注意追求健康、自然，"绿色产品"便受到广大群众的追捧。企业在营销时，应注意"绿色"概念，开发"绿色"产品，注重"绿色"情怀，提供"绿色"服务。这样，更有利于企业的宣传与发展。

3. 知识营销的原则

知识营销的应用非常广泛，小到个体商贩、大到企业广告都会用到。那么，知识营销应该遵守哪些原则呢？

（1）诚实守信原则：在进行任何一种营销时，都应该以诚为本。知识营销也不例外，只有产品质量好、价格合理、交易信守承诺，才能得到消费者的信赖。

（2）利益兼顾原则：在进行知识营销时，不仅要考虑企业自身的利益，还要考虑消费者的利益。站在消费者的角度去看待问题，在维护消费者权益的同时，也是在维护企业的形象，有利于企业的长远发展。

（3）互惠互利原则：在同类产品中，企业与企业之间往往存在着竞争关系。我们应该正确理性地对待竞争，求同存异，在竞争中合作，达到互利互惠。

（4）理性科学原则：在进行知识营销时，我们应该理性地看待市场的变化。要运用科学手段来分析市场环境，不可盲目乐观，也不宜妄自菲薄。

4. 知识营销的实现

（1）建立科学的技术平台：企业的科学技术平台可以分为内网和外网。其中，内网是供员工相互学习、沟通交流使用的，外网则是用来获取外部的信息资料。内网与外网的相互结合，对于全面把握市场知识营销具有很大的帮助，可以提高营销的效率。

（2）组织高素质营销队伍：在进行知识营销时，需要组织高素质的营销队伍。高素质的营销人员，需要具备良好的知识获取能力、知识整合能力、知识共享能力、知识创新能力和知识表达能力。

（3）搭建扁平化组织结构：扁平化组织结构包括组织层级的降低和组织边界的扩张两方面。组织层级的降低能使知识纵向传递和逆向反馈，组织边界的扩张能使知识的获取和共享更加广泛。

（4）打造共享型组织结构：对常用的有效的知识进行共享，可以快速地提高营销人员的素质和技能。在建立激励共享机制和营造共享文化的前提下，知识才能得到更好的共享。知识拥有者获得的知识，在企业内部存在个人优势。若将知识共享出去，知识拥有者的竞争对手可能会增加。所以，企业要合理评估知识，打造完美的激励共享机制。

1.4.6 互动营销

什么是互动营销？所谓互动，就是双方都要动起来。互动营销则是指企业与消费者之间通过互动来进行沟通交流，进而达成交易的一种方式。

1. 互动营销的特点

（1）互动性：互动性指的是消费者与商家之间的沟通与互动。一般来说，新媒体营销会先进行前期策划，再通过与粉丝们的积极互动，慢慢引导他们参与其中，使得企业与消费者之间存在一个纽带。

（2）舆论性：网民之间互相回帖，可以直接或间接地对产品产生正面或者负面的评价。舆论的作用在互动营销中不容小觑，可能会对企业的口碑产生一定的影响。

（3）眼球性：互动营销需要抓住人们的眼球，以获得网友的关注和热议，从而产生互动。如果互动营销事件不能成功地吸引人们的眼球，没有人关注也就更谈不上互动了。

（4）热点性：互动营销可以借助热点事件来炒作，也可以自己制造热点事件来炒作。热点事件要生动、形象、吸引力强，只有抓住消费者的心理，才能更好地引起他们的注意。

（5）营销性：从名字就可以了解到，互动营销具有营销性。互动营销的目的并不仅仅是与消费者互动，也在于营销。运用事件进行炒作和互动，归根结底还是为了达到树立品牌形象和提高销售量的营销目的。

2. 互动营销的表现方式

互动营销通过互联网使商家与目标客户进行互动，主要方式有付费搜索广告、手机短信营销、广告网络营销、博客广告、微信推广、视频营销、论坛营销、电子邮件营销等。

3. 互动营销的三要素

（1）互动便捷：要实施互动营销，访问者就要积极参与到活动中。这就要求互动的方式要便捷，否则客户参与互动的概率就会降低。如果参与互动的方式有层层阻碍，客户就可能会因为复杂而不参与。互动中的表格、问卷信息等应简单明了，以便客户参与其中。

（2）消费者受益：若想使客户积极参与，互动活动就要与客户自身利益息息相关，能使客户得到益处。例如，可以进行参与互动有奖、发送免费试用装、提供服务等。客户自身能得到利益，参与活动的积极性就会大大提高。

（3）客户体验好：互动营销不仅要便捷和给予客户优惠，更重要的是客户体验要好。只有产品的质量过硬，并进行良好的跟踪服务，互动的客户才有可能成为精准的客户；反之，客户会觉得产品质量不好而放弃购买。

4. 怎样进行互动营销

企业与客户之间的互动，归根结底是为了提高客户对企业的信任，进而购买企业的产品。企业或商家与客户互动得越好，交易成交的概率就越大。

在新媒体平台进行互动营销，一味地追求粉丝的数量而不追求粉丝的质量是不可取的，还要提高客户的满意度。唯有真正站在客户的角度为其着想，才能提高客户的满意度。那么，我们应该怎样来进行互动营销呢？

（1）发布客户关注信息：搜索收集客户较关注的话题，梳理和解答后发布在新媒体平台。一旦客户被信息所吸引，就会对产品感到认可并转发给朋友，进而使产品得到更多关注。例如，在微信销售衣服时，可以先建立一个美妆穿搭微信公众账号，教授粉丝穿搭技巧，粉丝就会渐渐对卖家产生信赖进而去选择购买衣服。

（2）转发客户评价：在客户对我们进行评价后，可以适时地进行转发。一来客户会感觉自己被重视和尊重，二来转发客户的评论也可以作为产品质量好的证明。当遇到产品有问题的评论时，可以转发来统一解决问题，以减少客服的工作量。

（3）及时回复客户：对客户的评论回复要及时。就如我们平时联系别人希望能得到最快的回复一样，客户也希望我们能尽快回复评论。及时地回复客户，不仅会使客户感到被尊重，还会给客户留下好印象，可谓一举两得。

（4）解答客户疑惑：当客户存在疑惑时，要及时进行解答。例如，当客户对产品的信息不太了解时，应该向客户详细讲解产品信息；当客户不知道该怎么选择时，应该为客户提供专业的建议；当客户购买产品出现问题时，应该及时地解决。

（5）适时进行活动促销：当客户对产品的信息习以为常后，可以适时进行活动促销，让客户感到惊喜与新奇。这样不但可以留住老客户，也可以吸引新客户。

（6）对待客户态度诚恳：当为客户提供服务时，态度一定要诚恳。我们在进行消费时，都会希望服务人员能真诚地对待我们，而不是敷衍了事。那么我们在对待客户时，也应该诚恳，这样才有助于拉近我们与客户的距离。

1.4.7 情感营销

以消费者的个人情感差异和需求作为企业品牌战略的营销核心，通过情感包装、情感设计、情感促销、情感广告、情感口碑等方式来进行的营销，称为情感营销。

1. 情感营销的作用

（1）情感营销能营造更好的营销环境：传统的营销注重商家与客户的商品交换关系，缺乏对客户的感情交流。新媒体时代的情感营销，不仅注重企业与客户的利益交换，更注重为客户营造一个温馨舒适的营销环境。企业与客户有了更多的情感交流，有利于树立企业的良好形象，有助于企业的长远发展。

（2）情感营销能提升客户对品牌的忠诚度：随着市场竞争日益激烈，客户对品牌的忠诚度开始成为品牌是否成功的关键因素。情感营销可以通过满足客户情感上的需求，使客户在心理上更认同品牌，进而发展为品牌的忠实客户。

（3）情感营销能使企业更有力地战胜竞争对手：在与其他企业进行竞争时，除了要具备产品质量好、产品包装精美、产品价格合理等硬实力外，还要发展企业的软实力，即尊重客户、为客户着想、赢得客户的信任。一旦客户对企业产生信任感与依赖感，就有利于企业战胜竞争对手。

2. 情感营销的弊端

（1）可能会引起资源浪费：情感营销可能会使客户过多地关注包装、设计等外在条件，忽略商品的本质，不能合理地利用商品，从而造成浪费。例如，名牌衣服只穿一次就被压箱底。

（2）可能会对社会风尚有害：一味地讲名牌，可能会使青少年只注重品牌，不注重自身素质的提高，造成攀比等现象，不利于青少年健康成长。

（3）可能会导致经济结构失调：企业若只是一味地讨好客户，对商品进行大量生产，可能会破坏经济结构，造成供过于求的现象。

（4）可能会不利于经济的发展：情感营销旨在满足人们的心理需求，可能会使人们为了追求心理上的平衡而购买不符合自身情况的产品，造成消费过度，进而不利于经济的发展。

3. 情感营销的策略

情感因素是人们接收信息的通道，通过对产品和服务注入感情色彩，才能使消费者产生心理上的共鸣。情感营销正在逐渐发展，成为打动人们“软肋”的一种营销方式。情感营销主要包含以下策略。

（1）建立情感标签：企业需要根据自身的特点与特色，选择合适的新媒体平台，精准定位自己的情感标签。情感标签要根据情感差异化和市场调查来获得，要符合产品的内容，做到别具一格。例如美丽说，听名字就知道产品的内容为能使人们变美丽的事物。

（2）塑造形象标志：在微信、微博、论坛等新媒体公众平台，企业的整体形象和特征要一致、清晰、准确，具有辨识度。要站在客户的角度，给予关怀和理解，积极沟通交流，使他们产生归属感和认同感。

（3）建立情感联系：用不同的交流方式、不同的推送内容，与不同地区、年龄、性别的粉丝进行互动联系。坚持发布有使用价值和持续性的内容，及时回复客户信息，建立良好的情感联系。要尊重不同客户之间存在的情感、行为差异，培养忠实粉丝，提高消费转化率。

4. 怎样进行情感营销

情感营销可以让客户从心理上对企业和品牌产生满足感和信任感，增加企业和品牌的忠实粉丝，益于企业和品牌的发展。那么，我们该怎么进行新媒体的情感营销呢？接下来，我们将详细解说怎样在新媒体平台进行情感营销。

（1）个人信息：微信的头像、昵称、签名等尽量不要涉及产品的内容，否则容易引起客户的反感。头像可以使用自己的真人头像、背影、侧脸等，从而让客户觉得与自己沟通交流的商家是活生生的人而不是冷冰冰的产品信息。这样可以进一步拉近商家与客户的距离，更容易产生情感上的交流。

（2）发布生活信息：商家可以在朋友圈里发布自己的生活照以及相关生活信息，切忌整个朋友圈都是广告信息。高品位、正能量的生活照，更容易向客户展示商家的良好形象，使客户觉得商家更可靠。

（3）引发客户的情感共鸣：商家可以根据网上的热点新闻或者生活感受制造话题，反映人们的生活需求和情感需求。只有引起客户的情感共鸣，才能让客户更好地参与其中，从而拉近商家与客户的距离，促进交易的达成。

（4）和客户进行情感上的沟通：在微信上进行情感营销时，要懂得换位思考，真正为客户着想。例如，当销售婴幼儿产品时，可以像朋友一样就小孩的饮食、健康、教育话题与宝宝妈妈进行讨论。有了共同的话题后，客户与商家就更容易产生共鸣，从而更信任商家。

（5）发布专业知识：在这个信息大爆炸的时代，人们更愿意关注干货。在朋友圈发布专业知识，更容易获得客户的关注。例如，在销售服装或者化妆品时，可以发布一些服装搭配、美妆教程等专业知识。客户在吸收干货的同时，也使商家树立了专业、靠谱的形象。

1.4.8 软文营销

1. 软文的特点

唱歌不火，当“段子手”后却火了的薛之谦，写得一手好软文。软文使人们在放松的状态下，猝不及防地陷入商家的“套路”，使商家的产品得到极大宣传。软文营销，就是指当下比较流行的用特定的概念诉求、摆事实、讲道理，使消费者进入商家的“思维圈”，针对性地攻克消费者的心理，从而促进产品销量的一种文字营销方式。

软文伴随着各种媒体而生，在新媒体平台上也是如此。在新媒体平台上进行软文营销，成本低、利润高，也更容易被人们接受。在新媒体时代下，软文营销呈现出以下特征。

（1）形式多样化：传统的软文多为新闻稿、通信稿，形式较为单一。相比之下，新媒体的软文形式更为多样化。它既可以是正儿八经的公关软文，也可以是轻松幽默的段子软文，更可以是催人泪下的情感软文。

（2）语言网络化：新媒体时代的软文稿要有“网感”，也就是语言要网络化，观念不能陈旧，文字要能符合“80后”“90后”“00后”的主流客户。

（3）成本低：普通的广告，花费时间长，消耗成本高，有时还不能达到令人如意的效果。而软文营销，只需要一篇小小的文章就能引爆不可想象的市场。尤其是在新媒体平台，发布软文可以更快、更好地将信息传递出去。

（4）客户接受度高：软文营销中的软文有的是新闻热点，有的是科普知识，有的是故事等。相对于硬广来说，软文的可读性更强。当客户被文章所吸引时，不知不觉就会将文章读完，即使最终才了解到文章原来是广告。在这个阅读过程中，客户的接受度是较高的。

（5）传播持续性强：传统的广告，例如，在电视上做的广告，人们在观看后不会将它录下来看，而优秀的软文则可以不断地被传播。例如，在微博、微信等平台，经典的内容总是会被持续地传递下去。

（6）操作灵活：传统的硬广会受到时间段、版面等限制。软文营销则可以将软文发布在很多新媒体平台，形式可以多样化、篇幅可大可小。因此，软文营销的操作更灵活。

2. 软文营销的四点要素

（1）标题具有吸引力：软文的内容吸引人是远远不够的，还需要一个具有吸引力的标题。一个新颖的标题可以引起人们的好奇心，使他们愿意阅读文章的内容。但是千万不要做标题党，即标题应与文章内容一致，否则容易引起人们的反感。

（2）抓住事实热点：软文的内容要紧贴事实热点，这样可以引起人们的广泛关注和议论，从而让文章更具传播性。

（3）文章排版清晰：排版凌乱的文章会使读者出现阅读困难、思维混乱的情况。因此，软文的文章排版要清晰、有层次感。

（4）广告内容自然：在软文中不要生硬地加入广告，而要将广告自然地与文章内容融为一体。在写软文前，要提前确定软文广告的目的。如果软文写作技巧不够高超，则可以将广告插入文章的第二段；如果软文的写作技巧高超，文章吸引力比较强，则可以把广告放在末尾。

3. 软文营销的优势

软文营销的优势如图 1-4 所示。

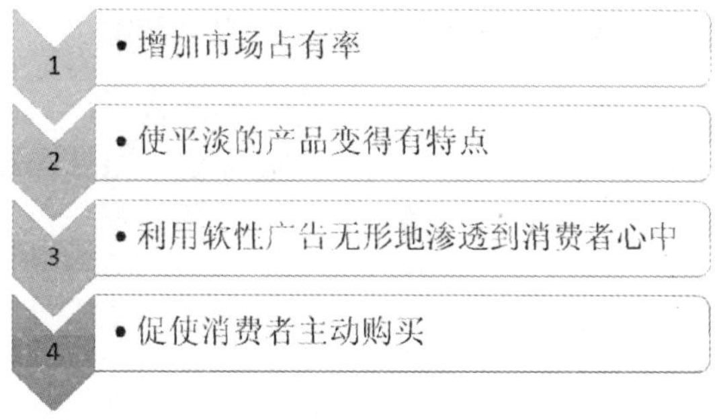

图 1-4　软文营销的优势

随着市场竞争的不断加剧，人们对于硬广告的关注度逐渐下降，而软文则成为一种生命力较为强大的广告形式。它不仅可以帮助企业增加市场占有率，同时还能提高客户的关注度。软文营销旨在通过摆事实、讲道理的形式将客户带入自己的思维圈，并将产品特性在不知不觉中传递给客户，达到润物细无声的效果。这种方式让产品的特点更加突出，同时也更容易渗透到客户心中，进而促使客户心甘情愿主动购买产品。

4. 怎样进行软文营销

（1）选好宣传点：软文营销的最终目的是使消费者在阅读文章后，了解到企业产品的信息，从而达成交易。我们应写出能让消费者产生兴趣的文章，突出产品质量好、价格合理等优点；用亲切的语气与消费者对话，将产品宣传出去，进而提高转化率。

（2）选择宣传阵地：文章的首发要精准锁定目标消费人群，而首发的新媒体平台最好比较有名，如微博、微信等，这样消费者才会觉得产品信息真实可信。在较大的新媒体平台发布文章后，可以将软文转发到其他的专业论坛，以获得更多的关注。

1.4.9 会员营销

我们去商场购物时，在很多地方都可以使用会员卡，从而享受优惠。同样地，在新媒体营销中，也存在一种营销方法——会员营销。什么是会员营销呢？商家采用会员管理的方法，将普通顾客变成会员，通过分析会员的消费信息，探索客户的持续消费力和消费价值，并以客户转介的方式，实现客户价值最大化的方法，即为会员营销。

1. 会员营销的优点

（1）会员制可以培养忠实顾客：会员制有一个普遍特征，就是薄利多销。在会员期限内，如果顾客对企业满意则可能会成为长期的会员。拥有了较多的忠实顾客，企业在与同行竞争时就会更具竞争力。

（2）会员制可以开发新顾客：企业的会员制会给会员带来更多优惠，这对于新顾客来说也是一件具有吸引力的事。老会员的宣传，可以帮企业发掘许多新顾客。

（3）会员制可以促进企业和顾客的相互交流：顾客成为会员后，通常能定期收到企业的产品信息和动态，可以进行针对性的选购。企业通过与顾客交流，也可以了解顾客的需求以及意见，以便企业完善产品。

2. 会员营销的指标

会员营销的指标包括客户成本、首购单价、复购率、复购客单价和转介率等。

3. 会员营销的操作步骤

会员营销的操作步骤如图 1-5 所示。

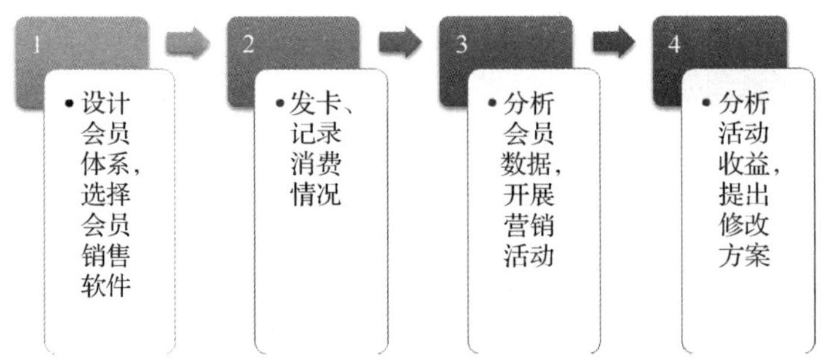

图 1-5 会员营销的操作步骤

会员体系的设计方法如下。

细分会员等级：根据会员的不同消费习惯，细分会员的等级。细分等级的原则可以根据以下几点来划分：消费者的交易金额、消费者近期到店消费的情况、消费者的交易量等。根据多个维度细分会员的等级，筛选出店铺的忠诚顾客。这样不仅可以精准投放优惠券，减少浪费；还可以降低爆炸式信息对会员产生的负面情绪。

按等级给予优惠：划分出不同的等级后，商家要积极引导会员树立等级意识，不同等级的会员可以享受不同的优惠。例如，对于在 3 个月内多次到店铺消费的会员，可以发放满 150 元减 20 元的优惠券；对于在 3 个月内只消费一两次的会员，可以发放半年包邮优惠卡。采用不同的优惠方式，可以吸引更多不同消费层次的顾客。这样顾客得到了优惠，商家也增加了收益。

后期跟踪维护：在划分不同会员等级并发放相应的优惠券后，还应做好后期的跟踪服务工作。身为商家，不仅要懂得建立新的会员关系，还要对会员关系进行维护。从追踪的数据中选出有价值的信息，不断调整相应的优惠方式，才能使客户与商家的关系得到更好的发展。

设计好会员体系后，企业还可以根据自身条件选择合适的会员销售软件。

（1）在会员营销过程中，要时刻记录发卡以及会员消费情况，统计好数据，为后续工作做好充分的准备。

（2）通过会员的各项数据，对会员进行合理分析，总结其消费倾向与爱好，并针对此设计开展营销活动。

（3）营销活动结束后，要分析活动收益情况，并总结经验教训，提出新的修改方案。

1.5 新媒体营销的常见误区

我们在进行新媒体营销时，往往会由于急功近利而陷入一些误区。这对于我们的营销活动十分不利，应当加以规避。下面是一些较为典型的营销误区。

1. 新媒体营销就是免费推广

新媒体营销的成本较低，因此可能会使人们产生误解：新媒体营销就是免费推广。这种想法无疑是错误的。因为我们在进行新媒体营销时，需要花费一定的人力、物力，而这些都需要耗费一定数量的资金。例如，进行新媒体营销活动，有时需要给予参与互动者一些福利、红包和优惠等，而这些都需要消耗一定的成本。由此可以看出，新媒体营销并不是免费推广。

2. 新媒体平台负责恶搞

随着新媒体营销的不断发展，新媒体的传播内容也开始朝着多样化发展。如恶搞视频、搞笑段子等内容，渐渐进入人们的视野。这使得人们产生一种错觉——新媒体营销就是发恶搞段子、娱乐大众，并借此吸引大量的客户关注。的确，在新媒体平台崛起的初期，搞笑、新奇、特立独行的内容比较容易吸引人们的关注。但是在新媒体平台日益成熟的现在，只有为客户提供有价值的内容，才能真正吸引客户的关注，进而获得客户的长期支持。

3. 新媒体营销能使人一夜爆红

新媒体的崛起使得网络话语权落到了广大客户的手中，谁能获取客户的支持谁就能成名，一些明星、网红、大咖等在新媒体平台上迅速爆红就是很好的佐证。例如，在微博平台上 papi 酱以幽默、平民化的风格获得广大网友的喜爱，迅速爆红；傅园慧在奥运会接受采访时，以“洪荒之力”等夸张的话语和丰富的表情赢得人们的关注，随即走红。

这些例子，导致很多人认为新媒体营销可以使人实现一夜爆红的梦想。然而他们只看到这些人爆红的结果，却并未看到他们爆红背后的不断积累和努力。例如，papi 酱是中央戏剧学院导演系的硕士研究生，走红之前在微博等多方平台上进行过尝试；傅园慧则是一名参加奥运会的游泳运动员，经过长期艰苦的训练，成绩优异。这些情况无不表明，只有经过长期充分的准备，才能做到厚积薄发，实现爆红的目标。

4. 新媒体投放广告便宜

新媒体营销相较于传统媒体营销投入成本较低，但这并不意味着新媒体投放广告的资费很便宜。我们若想利用新媒体平台投放广告，其实还是需要投入大量资金的。例如，营销者要想找网红、微博大 V、微信公众平台大号等进行宣传，就需要投入大量的广告费。这样才能保证宣传范围足够广泛，吸引更多客户的关注，并获得更高的利润。

5. 新媒体营销是一个人的事

很多企业认为，在进行新媒体营销时，一个人管理整个营销过程就已足够。其实，这是错误的想法。新媒体营销需要团队间合理分工以形成合力，只有这样才能将产品和品牌顺利地推广出去。例如，在团队中，需要有项目管理者、文案策划、美工、推广者等。如果只找一个人来进行新媒体营销，则很难胜任所有的工作，从而出现纰漏。因此，新媒体营销不能由一个人单打独斗，而需要整个团队的默契配合。

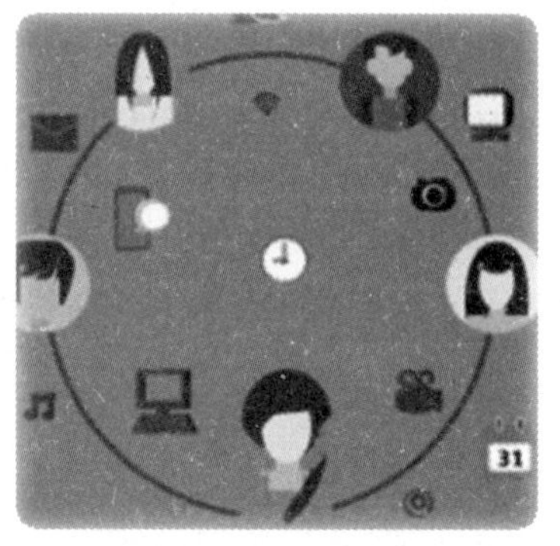

6. 只要砸钱就能做好新媒体营销

不少企业觉得，只要砸钱就可以获得大量的粉丝，并让粉丝记住自己产品的所有优势，进而将粉丝转化成高额的销售量。其实，这种想法是不正确的。虽然新媒体营销不是免费推广的，但是并不意味着砸钱越多效果就越好。如果在进行新媒体营销时，陷入过度推销的旋涡，就很可能会出现不甚理想的结果。若想避免这一现象的发生，我们就要提取产品的少数亮点进行重点推荐，从而使客户在提起该产品时，会很自然地想到产品的亮点。

1.6 新媒体营销的十一大工具

随着移动技术和信息技术的不断发展，我们在进行新媒体营销时，可以借助很多先进的软硬件工具。这些工具对于营销活动的顺利展开具有很大帮助，值得营销者使用。

1. 图片处理工具

运用图片处理工具对图片进行美化处理，可以使新媒体平台推送的内容赏心悦目。一般来说，新媒体常用的图片处理工具有 Photoshop（简称 PS）、光影魔术手、美图秀秀、美颜相机等。

其中 PS 较为常见，在图片处理方面的效果更好；光影魔术手易于上手，可以自动抠图；美图秀秀功能极多，可以在手机上添加水印；美颜相机则是自拍神器，可以处理人物外貌和肤色。总之，不同的图片处理工具各有优势，如果配合使用，就可以制作出效果良好的图片。

2. 视频处理工具

在进行新媒体营销时，会发布一些小视频，这就需要运用到视频处理工具。常用的视频处理工具有狸窝、爱剪辑、会声会影、视频剪辑大师、酷我音乐盒、格式工厂、维棠、屏幕录像大师等。

其中，狸窝、爱剪辑、会声会影比较简单易学；视频剪辑大师功能比较丰富；酷我音乐盒可以用来制作音频；格式工厂可以用于格式转换；维棠可以用于素材采集；屏幕录像大师可以用来制作教程动画。

3. 存储工具

在新媒体平台上发布信息要进行存储，这就需要运用到存储工具。常用的存储工具有百度云盘、360 云盘、金山快盘、腾讯微云等。

其中，百度云盘不仅可以上传照片和文件，进行视频备份，还可以将资料分享给他人，且注册后就有 15GB 的存储空间；360 云盘和百度云盘类似，并且有 30GB 的存储空间；金山快盘是免费网盘，可免去注册费用；腾讯微云则特别适合在 QQ 和微信中使用。

4. 微场景工具

微场景是指用 HTML5 编码的页面，可以用来翻页，呈现动态、3D、简单交互效果，常常用于活动召集、论坛邀请函、发放优惠券、发布新品品牌等。常用的微场景工具有易企秀、Ih5、ME 微杂志、易企微、兔展、麦片、初页、MAKA、翼码旺财、微页、点点客海报、秀米秀制作、易传单、Epub360、LiveApp 场景应用、Vxplo、最酷网、起飞页、WIX、有图等。

5. 数据采集工具

在进行新媒体营销时，往往需要对数据进行采集分析，这就会运用到数据采集工具。常用的数据采集工具有金数据、麦客、问卷网、表单大师等。

6. SEO 工具

SEO 即搜索引擎优化。在进行新媒体营销时，利用搜索引擎优化，可以改进品牌的关键词排名，获得更多流量，进而将流量转化为利润。常用的 SEO 工具有爱站 SEO 工具包、百度搜索风云榜、百度指数、新媒体排行榜等。

7. 二维码生成器

在进行新媒体营销时，二维码常常用于对产品品牌的推广。常用的二维码生成器有草料二维码、联图网、二维工坊、wwei 创意二维码等。

8. 电子书工具

新媒体营销在查找内容阅读电子书时，会用到电子书工具。常用的电子书工具有捷速 ocr，其功能在于可以将 JPG、PNG、GIF、BMP、DOC 等格式的图片转换为 Word 和文字格式。

9. 流量平台

流量可以使新媒体营销的企业获得更多的粉丝，进而增加目标消费人群的数量，提高产品的销售额。常用的流量平台有百度贴吧、天涯、猫扑、豆瓣等，这些较大的网络平台能够引入较多的流量。

10. 运营助手

运营助手可以简化新媒体营销的运营流程，使营销取得更加出色的效果。常用的新媒体运营助手有新媒体管家、易赞、西瓜助手、爱微帮等。

11. 排版工具

在新媒体平台上推送文章时，赏心悦目的排版更容易让人们接受。常用的排版工具有 i 排版、秀米、96 微信编辑器、新榜编辑器、小蚂蚁微信编辑器、易点编辑器等。

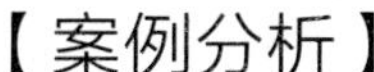

引人关注的“剩女”话题

SK-Ⅱ是日本著名的护肤品牌，它将尖端科技与护肤品开发有机结合起来，以“晶莹剔透”为核心理念，打造了具有极强竞争力的护肤产品。其产品十分强调纯天然精华与现代科技融合，具有很好的肌肤保养和修护功能，所以深受成年女性群体的欢迎和拥护。

2016 年 4 月，SK-Ⅱ推出了一支广告视频，其内容是对几位大龄未婚女青年的采访。在采访中，几位女青年分别谈了自己的生活追求，凸显出一种积极向上、独立自主的乐观精神。广告的核心观点就是：“剩女”不过是个伪命题，只有活出自我并充分享受美好的生活，才是当代女性的根本追求。广告一经推出就引起了极大反响，很多女性开始了解和关注 SK-Ⅱ，使 SK-Ⅱ产品成为她们护肤的首选品牌。

案例分析：

SK-Ⅱ利用病毒式传播效应，通过一个让客户乐于关注和讨论的事件，也就是“剩女”话题，传播出一种积极正面的态度，并有效结合品牌核心观念“支持独立女性”，极大地增强了传播性，从而起到了很好的传播推广作用。此广告一出，当即在单身女青年群体中引发了极大的良性反响。

【实战训练】

1. 你是如何理解新媒体和新媒体营销的？
2. 你认为新媒体营销有哪些优势和特点？
3. 你是如何理解 4I 理论的？
4. 在进行新媒体营销时，你采用的是什么方式？
5. 在新媒体营销的过程中，你有没有走进误区？如果有，你将如何克服？
6. 在新媒体营销的工具使用上，你有什么感想和值得借鉴的经验？

第2章 网络新媒体营销方式（一）

学习目标

1. 了解门户网站营销的运作方式。
2. 了解视频网站营销的发展趋势和运作环节。
3. 了解搜索引擎营销的推广及优化方案。
4. 了解电子邮件营销的步骤和优势。

通过本章的学习，读者能从实践角度出发，了解新媒体营销的门户网站营销、视频网站营销、搜索引擎营销和电子邮件营销的环节和步骤，做好营销规划和方案。

2.1 门户网站营销

最初门户网站为客户提供搜索和目录的服务，之后随着市场竞争的不断加剧，门户网站开始了新型业务的拓展，以求多方位满足客户的需求，进而吸引和留住客户。当前形势下的门户网站众多，可以称得上是互联网时代的网络超市。那么如何利用门户网站进行营销呢？

2.1.1 利用细分板块

要想利用微博、百度等平台进行公众号推广，运营者通常需要一些较为隐蔽的手法和技巧，否则很容易被屏蔽。但利用门户网站推广则相对简单一些，只要没有过于疯狂的举动，通常不会被屏蔽或封号。那么如何利用门户网站进行推广呢？

1. 看评论热度

运营者可以利用门户网站的细分板块进行推广。需要注意的是，在推广前首先要找到评论热度较高的门户网站，如新浪和网易等。例如，运营者可以在新浪的体育板块（见图 2-1）加入自己的软文或段子进行推广。

图 2-1　新浪体育板块

2. 写热门文章

利用门户网站推广时，运营者还要找到当前的热点。同样以新浪体育板块为例，该板块通常会有大量与体育赛事相关的文章。根据赛事要点来撰写软文推广就是热门文章，大部分体育爱好者对这种推广效果都不会厌烦。

除以上两点之外，利用门户网站细分板块进行推广还要及时更新内容，不要一个段子用到老。这样容易让大家反感生厌，产生物极必反的效果。

2.1.2　学会内容创作

我们在开展宣传推广活动时，肯定是希望自己的推广内容能够在各大门户网站的新闻头条中出现，进而取得最好的吸粉、吸睛效果。然而，这毕竟是一种理想化的状态，要想实现则难度颇大，需要从以下几个方面着手努力。

1. 接地气

要想让自己的内容成为门户网站头条，首先就要做到接地气。例如，中国的一些传统节日，或是“双 11”“双 12”等网络营销节日，都是在中国影响广泛、大众接受度颇高的节日。因此，企业可以选在这些时间段内开展符合节日主题的营销活动，而且往往会取得不错的营销效果。例如，中秋送月饼、“双 11”大促销等。不可否认，在这些时段进行营销会面临很多竞争对手，但是只要内容和形式足够出彩，还是有较大概率登上头条的。

2. 稀缺性

平淡无奇的内容是无法吸引人们的目光的，因此还要注重内容的新鲜感和稀缺性。简单来说，就是选择市场上还未出现，或出现得极少且没有引发较大反响的内容，进行重点推出。例如，“企业年终奖直接让你捞个白富美”或“企业安慰奖让女神亲你一口”等，因为内容很新奇，市场上又出现得极少，所以很容易引起大家的关注。

3. 媒体曝光

不管是微博、论坛、微信公众号等新媒体，还是电视、报纸等传统媒体，只要能够增加信息曝光的机会，我们都不应该错过。例如，将内容发布在各大网络平台上、在繁华地段举办特色活动、花钱将内容登在报纸上等，都是不错的曝光方法。曝光度越高，我们就越容易上门户网站头条。如果我们的信息真的可以在街头巷尾广泛流传，那么上头条就是很自然的事了。

除此之外，利用已有的头条新闻进行借势宣传、通过服装和背景等因素间接植入软性广告等，也是不错的营销方法，有利于增加我们登上头条的概率。

2.1.3 寻找头条原则

头条话题是什么？通过观察我们不难发现，头条话题通常很容易引发大家的关注兴趣，也是能够产生较大社会影响的事件，如“洪荒少女”、中国女排夺冠等。借用这些热门话题进行营销，具有很多传播上的优势（见图 2-2）。

综上所述，利用热门话题进行传播推广，可以达到很好的营销效果。而对企业来说，借助热门话题吸引粉丝的注意，也是一种很好的圈粉方式。一般来说，可以采取以下几种方法。

1. 找好结合点

我们要想进行热门话题营销，首先要做的就是找准话题与自身的结合点，如自身的特质、理想、信念等，这是进行话题营销的重要基础。例如，“中国女排告诉我，失败 n 次不要紧，

在第 n+1 次成功就好”，就是在结合中国女排永不放弃精神的同时，突出了自身一种昂扬向上的情绪。

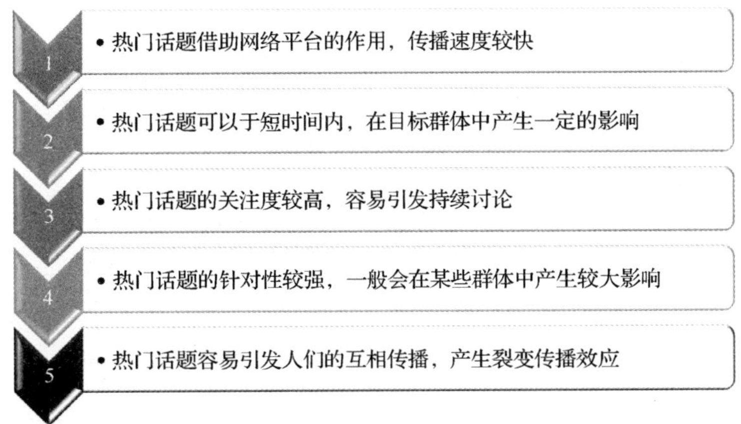

图 2-2 热门话题的传播优势

2. 具备营销意识

我们不能单纯做热点话题的“搬运工”，而要进行一种营销上的再创造。在具体叙述的过程中，要把自身的品牌、内容与热门话题相结合，达到一种宣传自身，引发关注与传播，进而提高营销效果的作用。

3. 方向明确

热门话题分正面话题与负面话题。一般来说，利用正面话题进行营销的限制较少，往往可以取得不错的宣传效果。而负面话题则要谨慎使用，一旦使用不当，就很容易引火烧身。

4. 受众共鸣

我们在进行话题营销时，还要注意从受众的角度出发，以引发共鸣。如关于风靡一时的有毒疫苗事件，我们就可以根据年轻父母爱护宝宝的心理对事件进行释疑，并多介绍一些育儿养护之类的知识，从而取得年轻父母们的支持与好感。

5. 从现象看本质

热点事件往往是社会群体现象的一个缩影，人们之所以对其感兴趣，其实是对其表现出的能够引发人们思考的东西感兴趣。所以，除了要介绍事件本身之外，还要进行适当引申和评论，以分析事件的本质，从而在最大程度上引发粉丝们的关注兴趣。

6. 正确的价值观

一个热点事件发生后，往往会衍生出正方和反方两个派别，分别体现积极和消极的不同观点。

而我们在对热点事件进行借势营销时，也要具备正确的价值判断，并令其符合大众的普世价值观，避免因方向错误而出现重大失误。

7. 观点独特

热点事件一旦出现，就会有一种迎合风潮和跟风现象出现。这会导致人们忽略事实，缺乏理性的判断与思考。因此，我们要从多个角度全面分析问题，提出符合事实真相的独特观点，以吸引更多粉丝的关注与支持。

【案例分析】

恒升送房登头条

说起房产企业，很多人会想到万科、恒大和保利等大型房产开发商。但作为一家知名度相对不算高的新兴房企，恒升·1号庄园却在2016年成功实现逆袭，先后多次登上腾讯新闻、新浪河南、腾讯体育、新浪体育、网易、搜狐等门户网站头条，辐射客群上亿人。

恒升为了突破客户“看时冲动，买时犹豫”的尴尬局面，开展了一次爆炸性的品牌公关活动。当时正值里约奥运会落幕，全国热议的话题就是中国代表团奥运冠军待遇下调的新闻。于是，恒升立即决定为2016年奥运会最后一块金牌得主——中国女排的代表朱婷送出一套房。从8月30日发布活动新闻通气会，到9月7日现场授房，恒升·1号庄园在短短九天的时间内成功实现了自己的营销推广计划，赠房当天即收到现场300多名高质客户的来访，活动后一周内即成交了30多套法式合院，获得区域销售冠军。房源销售套数超过郑州市项目入市以来所有销售套数的总和。

案例分析：

恒升之所以能取得如此大的成功，与其巧妙结合奥运热点有关。在奥运落幕初期，几乎全国人民都在议论中国代表团奥运冠军待遇下调的新闻。这个时候为奥运冠军赠房，也就将企业与热点紧密连接在了一起，不仅能提高企业的知名度，同时还容易获得大众的认可，之后的高业绩房源销售量自然也是水到渠成的事情。

【实战训练】

1. 你认为门户网站与搜索引擎最大的区别在哪里？
2. 你认为门户网站营销要想做好最重要的是什么？
3. 在争夺头条上，你有什么自己的看法和建议？
4. 在门户网站营销中，内容的创作只是写出头条那样简单吗？
5. 在门户网站的细分板块中，你认为有没有较为统一的内容格式？

2.2 视频网站营销

2016年，网络视频得到了火爆发展，其内容数量和质量都不断飙升，使得视频营销越演越烈。这种将各种各样的视频短片以多种形式发送到网上，以达到宣传效果的营销手段，结合了“视频”和“互联网”的双重元素，既具备电视广告营销感染力强、创意性强和形式多样的优势，又拥有互联网营销病毒式传播和低成本的特点，是一种投入少、效果好的全新营销模式。本节我们将重点学习视频网站营销的相关知识。

2.2.1 视频营销的发展趋势

在学习视频网站营销的相关知识之前，我们先简单了解一下视频营销的发展趋势。总体来讲，视频营销呈品牌化、网络化和内容化发展。

1. 品牌化

企业在通过网络视频进行营销活动时，将品牌凸显出来是非常重要的，即要让观众一眼就能够看出此视频为何而作、宣传的又是哪种品牌的产品。只有这样，才能达到自我宣传的效果，同时达到有效转化网上流量、增加成交量的营销目的。

2. 网络化

视频营销不同于以往的电视广告营销，是一种建立在网络平台上，面对广大网络客户的全新营销方式。它的特点在于更多地采用网络化用语以及网络化表现形式，比传统视频的呈现方式更加随意、更富有趣味性，在很大程度上迎合了互联网时代的发展要求。

3. 内容化

空洞、泛滥的传统广告已经很难吸引人们的注意，甚至会引发人们的厌恶情绪。基于此种情况，企业开始在视频内容上推行故事性广告和植入式广告（见图2-3）。

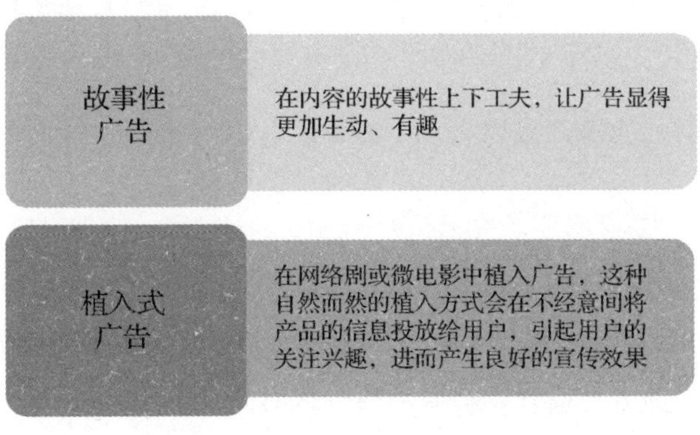

图2-3 故事性广告与植入式广告

2.2.2 视频引流的注意事项

自从微信小视频功能上台之后，很多公众号运营者就开始利用视频引流，微信视频营销也引起了社会各界的广泛关注。那么利用视频推广引流需要注意什么呢？

1. 简短

为了符合当今人们的碎片化阅读习惯，运营者应尽量将视频内容控制在一分钟之内，以精简为好，否则客户很难同时也没有时间耐着性子看完。

2. 完整

不要一味地追求简短而将视频内容制作得不够完整，这样容易引起客户的反感。所以，视频内容要讲述一个完整的故事或情节，这样才能最大化地激起客户的兴趣。

3. 娱乐

这是一个全民娱乐的时代，人们更倾向于欣赏一些搞笑好玩儿的内容。所以，在视频中适当加入一些娱乐性元素更容易被大众所认可和接受，自然也更有利于推广和传播。

4. 普世

所谓普世，即视频内容尽量是大众所认可和接受的；否则非但达不到引流的效果，反而会遭大家厌恶，导致掉粉无数。

视频营销对于公众号运营起着至关重要的作用。如今，公众号内容已经不再停留于简单的文字和图片，而是在向多元化发展。视频营销让内容的表现形式更加新颖独特，也更容易引起大家的广泛关注，从而创造出更大的经济效益。

2.2.3 视频内容制作的原则

通过视频引流，是互联网时代下的重要发展趋势，也是营销工作的重要选择。在如今这个时代，电子广告、网络视频、宣传片、微电影等都是很好的视频引流形式。

在制作和发送视频时，应该注意以下几个方面。

1. 故事性

大众对于故事的兴趣要远远大于说教。因此，在制作视频时，无论长短都要尽量讲述一个完整而有趣的故事，这样才能在最大程度上引发大家的关注。其实很多营销方式都离不开内容创作，而只要是需要内容创作的地方，通常就会有故事性的技巧掺杂其中。这一点在后面的各种营销方式中都会有所体现。

2. 互动性

互动性是移动互联网时代的重要特征。客户只有充分满足其互动要求、提高其参与感，才能引发其关注兴趣，并获得其主动传播。

3. 多渠道推广

在完成视频的制作后，运营者可以将其放在爱奇艺、优酷、乐视等各大视频平台上进行多渠道推广，以达到最优化的推广效果。

2.2.4 视频营销内容打造技巧

视频营销内容的打造讲究一定的技巧，可以概括为“高”“炒”“情”“笑”“恶”5个字。

1. 高

在视频内容的打造中，尤其要注意一个“高”字。所谓“高”，指的就是高人献艺。因为在高人表演一些难度极高的绝艺时，会让你产生一种不由得不信，又有些不敢相信的感觉。这样就会引发出较大的争议性，使观众在纷纷观赏的同时，乐于分享与讨论，从而形成广泛的传播效应。

例如，耐克曾经拍摄了一段“踢门柱”视频广告，在广告中出现了小罗连续4次用足球踢中门柱的神奇画面。该广告一经播出，便在世界范围内引发了广泛讨论，有些人为小罗的精彩球技欢呼，也有些人则认为连续踢中门柱的画面是假的。后来，耐克公开承认该视频经过了一些后期处理，并非真实画面，然而这依然无法阻止该视频的病毒式传播。这便是一个利用高人献艺引发品牌传播的典型案例。

2. 炒

在营销活动中，炒作是一种常见的方式。视频营销的炒作更是不可或缺。在这一方面，前优酷总裁古永锵曾经做得十分出色。

古永锵离开搜狐，向视频领域进军，创立了优酷网站。刚开始的时候，他靠着一些具有争议性的视频，如潜规则揭露等，吸引了很多客户的关注，达到了很好的炒作效果，以致获得了大量的融资。后来，古永锵和优酷网又凭借张德托夫的《流血的黄色录像》，成功赚取了大量人气。该视频不仅在短短数月内便获得了数十万浏览量，更是衍生出各种片中人物的访谈录，吸引了很多客户的持续关注，从而产生了病毒式传播的效果。

3. 情

在某些Flash中，我们往往可以看到将各类图片组合在一起的画面，在画面的空白处还配有一些搞笑另类的祝福语言，如“新年将至，众女星费尽心思与×××恭贺新春”等。而我们只要在空白处填上想要祝福的好友名字，就可以形成一个美观、个性化的网络祝福视频。这就是一种典型的以情动人的方式，充分利用了人们渴望收到祝福的心理。

除此之外，这种方式还可以达到很好的产品宣传效果。

例如，首映《满城尽带黄金甲》时，就采用了 QQ 与 MSN 结合的方式，通过一群美丽性感的宫女，配上有趣的圣诞祝福文案，然后借由 QQ 和 MSN 平台进行广泛传播。这一举措对电影本身起到了很好的宣传造势作用。

4. 笑

在所有视频中，搞笑视频往往最能够引发人们极大的关注兴趣。这是因为它能给大家带来一份好心情，并觉得身心舒畅。因此，如何将搞笑因素巧妙地融入视频中，吸引人们的注意，从而达到推广品牌和产品的目的，是每一位视频营销者应该做到的事。

例如，耐克公司曾经推出过一个搞笑的经典广告。广告的内容是：葡萄牙男子足球队和巴西男子足球队要踢一场比赛，在比赛开始前，两队的队员互不服气、各显身手，直到主裁判忍无可忍，一个飞铲放倒了带球炫技的小罗，比赛的正常秩序才得以恢复。而在奏国歌的仪式上，两方队员伤痕累累、狼狈不堪的样子，更是令人忍俊不禁。这个广告曾经风靡一时，在使人们捧腹大笑的同时，也很好地宣传了耐克品牌。

5. 恶

在视频内容的打造中，“恶”也是经常会用到的因素。“恶”包括了 3 个方面内容，分别是恶俗、恶心和恶搞。

（1）恶俗：有些俗气的视频广告虽然很招人鄙视，但同时又能吸引到很多关注目光，这便是恶俗了。

例如，脑白金广告一直被人诟病，却长盛不衰。其原因就在于中国具有逢年过节送礼的国情，而此广告正好牢牢抓住了这一主题，因此取得了持续传播的效果，对于脑白金产品的售卖也具有长期促进的作用。所以，我们在制作视频时，不必刻意避讳俗气，只要能够将我们需要传播的重点因素清晰地表现出来，往往就能达到营销推广的目的。

（2）恶心：这一方面的例子有很多，这些例子主要是依靠令人震惊的外表和话语引发人们的反面心理和广泛关注，并在人们的持续讨论中达到走红的目的。当然，这一方法并非正道，而且随着大众对此类因素的习以为常，也很难再取得出色的传播效果，所以不建议营销者继续采用。

（3）恶搞：恶搞是一种典型的视频营销方式，有明星恶搞、动物恶搞、场景恶搞、配音恶搞等。

例如，其节目中的恶搞歪唱，就是视频恶搞的一种。但是恶搞必须与营销主题相契合，以突出品牌或产品的特点和优势。只有这样，恶搞视频才能在激发客户观看兴趣的同时，取得较好的传播推广效果。

【案例分析】

papi 酱的短视频逆袭

papi 酱是一个依靠吐槽式短视频成名的超级网红，其视频时间基本控制在 3 分钟之内，通过吐槽来戏说一些网上流传的段子，讽刺社会上的各种现象。就是这样一种简单的方式，使得 papi 酱获得了大众的认可，一跃成为 2016 年第一网红。papi 酱的短视频内容搞笑幽默，用嬉笑的手法对社会现象进行了阐述，并为大众传播出一种积极乐观的生活态度，因而受到了广大网友的一致好评。

案例分析：

papi 酱的爆红与短视频营销有着不可分割的关系，那么她又是如何利用短视频进行营销的呢？

1. 找到原创缺口

在当今时代，自媒体受到了越来越多的关注和喜爱，papi 酱就是顺应了这股风潮，以“平胸和贫穷”的屌丝化形象、亲切幽默的大众化语言，抓住了原创内容的缺口，成功赢得了万千粉丝的喜爱。

2. 注重普世价值

最流行的东西一定要有普世价值，即有大家都想要、都想听的东西。papi 酱的视频内容都是在谈大家感兴趣的话题，如网上购物、过年回家、微信朋友圈等，并将网上流行的相关段子精心挑选出来，综合成很典型的个性化观点。这样做就很容易引起人们的共鸣，激发起公众的关注兴趣。

3. 内容传播性

粉丝数量是怎么涨起来的？那就是依靠传播与分享。papi 酱的视频，吐槽犀利，用词有趣，而且三言两语就可以使观众形成很深刻的固有印象。这些特点使得 papi 酱视频的传播性很强，众多观众都愿意进行转播和分享，以此来表现自己符合潮流的特点。粉丝们这种行为的直接后果，就是产生了裂变式效应，彻底捧红了 papi 酱。

4. 形式碎片化

随着碎片化时代的到来，人们的生活节奏不断加快，因而很难有兴趣和耐心再去观看长篇大论的内容，而是更愿意看短小有趣的内容。这一点，从朋友圈的火爆程度就可以看出来。而 papi

酱的视频时间很短，最长也不过 2～3 分钟，正好满足了这种碎片化的时间趋势，符合人们在新时代下的生活行为习惯。

总而言之，papi 酱的迅速崛起使视频营销尤其是短视频营销进入了大众的视野。在互联网时代的风口下，短视频营销已经成为一股不可忽视的营销力量。在这种形势下，草根们有机会借此方式成就自媒体明星，企业也有机会借助众多的视频网红明星来达成自己宣传产品和自身的双重目的，最终形成一种企业和个人双赢的最佳效果。

【实战训练】

1. 你是如何进行视频营销的？
2. 你的视频营销效果如何？
3. 从好奇心、价值性和分享性三点来讲，你觉得大家为什么会喜欢你的视频？
4. 在进行视频营销规划中，你觉得什么才是最重要的？
5. 你的视频内容更偏重于故事化还是植入化？
6. 你还知道哪些视频营销的成功案例？分析其视频营销的步骤及方法。

2.3 搜索引擎营销

所谓搜索引擎营销，实际上就是设法让客户发现自己的产品信息，通过利用搜索引擎的搜索和单击进入产品详情页，进而对产品进行详细的了解。本节我们就来学习一下搜索引擎营销的相关知识。

2.3.1 搜索引擎的类别

按照工作方式，可以将搜索引擎分为全文搜索引擎（Full Text Search Engine）（见图 2-4）、目录索引类搜索引擎（Search Index/Directory）和元搜索引擎（Meta Search Engine）3 种。

1. 全文搜索引擎（Full Text Search Engine）

全文搜索引擎被称为真正意义上的搜索引擎，因为它通过互联网上所提取的各网站信息来建立数据库，并通过检索客户所查询条件的匹配记录来按照相关顺序反馈给客户。国外较为著名的全文搜索引擎包括 Google、Fast/AllTheWeb、AltaVista、Inktomi、Teoma、WiseNut 等，国内较为著名的全文搜索引擎有百度（Baidu）等。

全文搜索引擎可以按照结果来源分为以下两种。

图 2-4 百度搜索

（1）有自己的检索程序（常称为“蜘蛛”或“机器人”程序）：自建网页数据库，可以从数据库中调用搜索结果，常见的有 Google、Fast/AllTheWeb、AltaVista、Inktomi、Teoma、WiseNut。

（2）租用其他引擎数据库：按照自定格式对搜索结果进行排列，常见的有 Lycos 引擎等。

2. 目录索引类搜索引擎（Search Index/Directory）

其实从严格意义上讲，目录索引不算真正的搜索引擎。但目录索引有搜索功能，是一种按照目录分类的网站链接列表。因此，客户可以通过分类目录来找到自己想要的内容，无须进行关键词查询。较有代表性的目录索引包括 Yahoo（雅虎）、Open Directory Project（DMOZ）、LookSmart、About 以及国内的新浪、搜狐和网易搜索等。

3. 元搜索引擎（Meta Search Engine）

元搜索引擎可以在收到客户查询请求的同时在其他搜索引擎上进行搜索，最后将结果反馈给客户。较为常见的元搜索引擎包括 InfoSpace、Dogpile、Vivisimo 以及搜星搜索引擎等。

元搜索引擎的搜索结果分为两种：一种是直接按来源引擎排列搜索结果，另一种是按某自定规则重新排列搜索结果。按来源引擎排列搜索结果的典型代表有 Dogpile 等，而按某自定规则重新排列搜索结果的典型代表有 Vivisimo 等。

除以上 3 种搜索引擎之外，还有以下 3 种可以为客户提供搜索服务的网站，我们也将它们统称为搜索引擎。

1. 集合式搜索引擎

集合式搜索引擎较为典型的代表就是 2002 年年底 HotBot 所推出的引擎，虽然与 META

搜索引擎类似，但其并非同时利用多个引擎搜索，而是提供给客户 4 个引擎进行选择，故而得名。

2. 门户搜索引擎

门户搜索引擎较为典型的代表包括 AOL Search、MSN Search 等，虽然它提供搜索服务，但自身既没有分类目录也没有网页数据库，搜索结果完全来自于其他引擎。

3. 免费链接列表

免费链接列表通常情况下是对排列链接条目进行简单滚动，极少会有分类目录，其规模通常也会比目录索引小一些。

2.3.2 关键字的选取

如前文所讲，搜索引擎营销的第一步就是要设法让客户发现你，因此就要学会选择关键词。

关键词按照竞争程度和搜索量的不同可以分为三个级别：顶级关键词、二级关键词和长尾关键词（见表 2-1）。

表 2-1 关键词的级别

	字数	优势	劣势	举例
顶级关键词	2～3 字	搜索量大	竞争激烈	手机、电脑
二级关键词	6 字以内			苹果手机、联想电脑
长尾关键词	5 字或更多关键词	精准度超高	搜索量小	苹果手机六代金色、李宁减震防滑运动鞋

1. 顶级关键词

前面，我们讲到了顶级关键词有着搜索量大的优势。所以，淘宝网店可以通过 SEO 顶级关键词的优化，给店铺带来更多的流量，同时提升关键词排名。

2. 二级关键词

顶级关键词设置好后，要想拓展业务和找到自己的产品，精准达到目标人群，就需要二级关键词来发挥作用。二级关键词可以更精准地表达出买家的想法，从而让店铺获得销售机会。

3. 长尾关键词

长尾关键词在精准度上是最高的，但就是因为精准度太高了，一般的买家很难会完完全全按照这种关键词进行搜索，因此达到的搜索量相对较小。但与此同时，长尾关键词带来的搜索流量通常为精准客户，在转化率上比顶级关键词要高很多。因此，延伸性较强，范围较广。

总之，关键词的重要性体现在其所带来的流量和最终实现的销量上。说白了，关键词就是在用搜索的方式招揽生意。

那么如何来选取关键词呢?

1. 使用关键词分析工具

常用的关键词分析工具包括 Google 关键词工具和百度指数等。利用关键词分析工具，企业可以查询某个关键词在某一段时间的搜索量，然后根据自身网站的性质来选取较为合适的关键词。

2. 从浏览者的角度出发

要想选择较为合适的关键词，就要设法从浏览者的角度出发。切不可主观臆断，这样很容易不符合浏览者的搜索习惯，导致最后即便选好了关键词也没有太大的作用。

3. 观察竞争对手

正所谓，“知己知彼，百战不殆”。在选取关键词前可以先观察一下竞争对手，寻找自己可以模仿的点和应该忌讳的点，这样做对于自己将来关键词的排名和上升具有重要的意义。

4. 衍生长尾关键词

一个关键词的力量相对来说较为渺小，所以要适当选取两个到三个长尾关键词来进行优化。很多人认为长尾关键词的作用不大，但当长尾关键词的量达到一定的程度后也可以为网站带来可观的流量。

5. 使用统计软件

使用统计软件对关键词进行分析统计，通过网站流量可以了解浏览者是通过搜索什么关键词找到自己的网页的，并对网站流量进行分析统计，最后对自己的关键词进一步进行优化。

6. 利用搜索引擎联想工具

除以上方法之外，还可以根据自身需求利用搜索引擎联想工具来选择关键词。

2.3.3 标题的优化

优化标题有迹可循，并非无计可施。下面一起来了解一下优化标题的几种常见方法。

1. 根据商品权重设置关键词

热销品的标题设置相对容易，只需根据客户的搜索词频来设置即可。词频高的，可直接添加到商品标题中。但对于普通的商品来说，标题的设置就要考虑得全面一些。卖家首先要考虑如何设置标题才更容易让客户看到自家商品，这与寻找热词有着异曲同工之处。

2. 设置长尾关键词的注意事项

设置长尾关键词主要针对的是普通商品标题的优化。一般的思路是，在保证长尾关键词和客户搜索习惯相互匹配的前提下，同时确保标题要包含客户的热搜关键词。而要满足以上条件，需要注意以下两点（见图 2-5）。

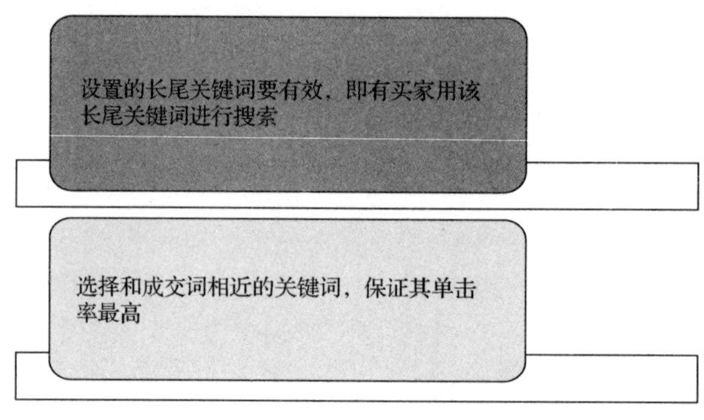

图 2-5 设置长尾关键词的注意事项

3. 利用大数据分析关键词的前世今生

数据分析在今天已变得越来越重要。在标题的优化上，通过数据分析，我们可以看到关键词过去和现在所创造的销量，从而更好地预测未来关键词的走向，为关键词设置提供指导意见。

4. 打造有用且易读的标题

某些时候，一个有用且易读的标题更能让客户产生购买欲望。所以，卖家可以从这个角度出发（见图 2-6）。

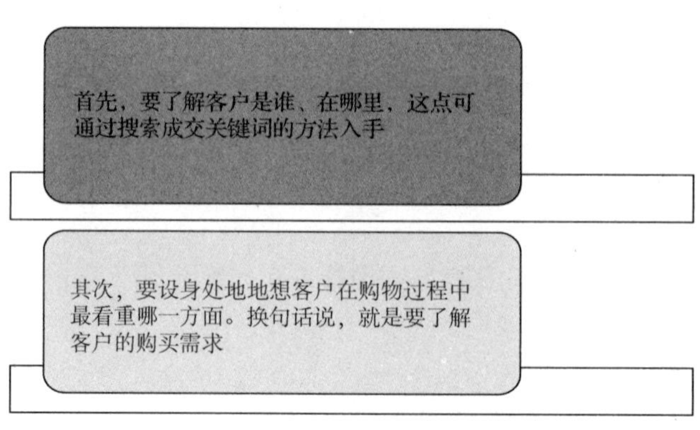

图 2-6 如何打造有用且易读的标题

5. 写关键词优化记录

卖家可以把所有优化的标题都记录下来，观察每次优化后的流量和销量情况。如果不理想，再做调整；如果优化成功了，留下的都是宝贵经验。

2.3.4 提高咨询效率的策略

利用搜索引擎营销只是将客户带到企业面前，而最后是否会形成交易，还要靠企业自身。如果购买意向很强的客户前来咨询，最后却失落而归，并没有成交，那么企业就要从自身找原因了。以下是提高咨询效率的常见策略。

1. 有效聆听买家需求

买家与卖家的沟通是双向互动的，一方面，买家向卖家表达自己的购物需求；另一方面，卖家向买家传递产品的相关信息。

卖家在与买家进行沟通时，注意不要只是介绍产品的信息，更应该集中精力、专心倾听（见图 2-7）。

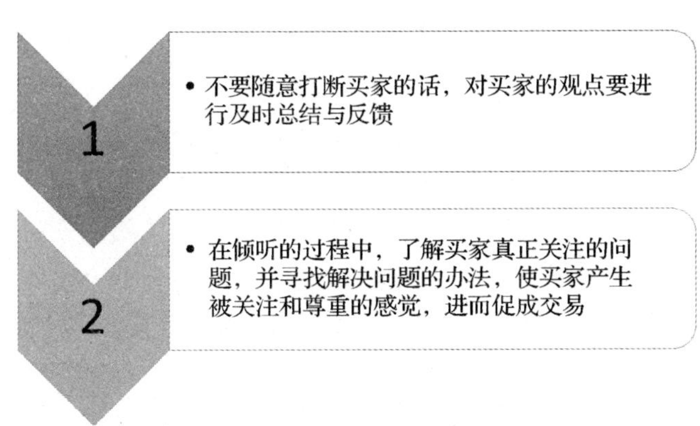

图 2-7 与买家沟通的注意事项

2. 与买家进行情感交流

卖家在与买家进行沟通时，态度要真诚，重视与买家的情感交流，动之以情，晓之以理，使彼此能融洽地达成交易。在沟通交流过程中，因为买卖双方看不到对方，单纯用文字很难表达真实的心理感受，这时可以利用阿里旺旺的表情包，使买家在购买过程中获得更好的客户体验，从而达成交易。

3. 拥有良好的信用

隔着虚拟网络，买卖能够成交的基础就是信任。如果卖家能与买家建立起良好的信任关系，那将更有利于交易的成功。不仅如此，有了信任，买家还可能会在自己的交际圈里宣传，这样一来卖家的固定客户就会像滚雪球一样越来越多，生意也会越做越大。那么卖家如何得到买家的信任呢（见图 2-8）？

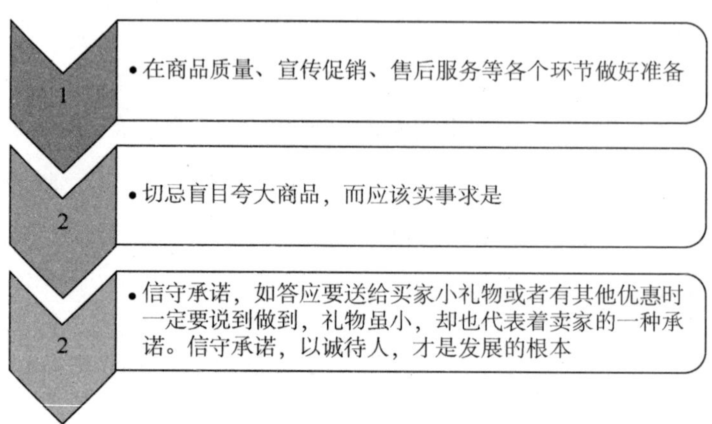

图 2-8　获得买家信任的方法

【案例分析】

耐克与百度的强强联合

全球著名体育用品品牌耐克（中国）与百度进行了合作，通过百度搜索“耐克”或“Nike”即可出现近一亿个相关网页，而且第一页内容和屏幕右侧内容均是耐克品牌的推广。此外，耐克还通过导入关键词历史数据进行智能拓词，并通过分析产品的目标人群选择关键词，同时还对其他关键词进行了全面推广。客户输入“运动鞋”关键词，即可发现耐克的产品占据了结果的前五条和屏幕右侧的推广栏。利用与百度的强强联合，耐克成功实现了品牌推广，让自己的产品获得了大众的认可。

案例分析：

全球领先体育用品公司耐克（中国）品牌传播总监 Kerri 曾表示，搜索已经不是单纯的搜索，各大品牌都在对搜索进行全新的认知和发现。如今，全国近亿人都在利用搜索引擎来实现内容查找。耐克正是认识到了搜索的重要性，因此选择与百度进行合作从而实现有效推广。在关键词的选取上，耐克从浏览者的角度出发，尽最大努力符合目标人群搜索习惯，同时还对其他关键词进行了全面推广。因此，通过与百度的强强联合，耐克成功实现了品牌的推广。

【实战训练】

1. 在进行搜索引擎营销时，你常使用的搜索引擎有哪些？
2. 你是如何选择关键词的？
3. 标题的优化与关键词的选取有什么联系？
4. 在搜索引擎营销的过程中，你的咨询率如何？是什么造成的？
5. 你认为在搜索引擎营销过程中最关键的步骤是什么？

第3章 网络新媒体营销方式（二）

学习目标

1. 了解论坛营销的技巧和策略。
2. 了解社区专业知识推广的方法和话题的把控。
3. 了解博客营销的模式、技巧和策略。
4. 了解微博营销的方法、技巧和策略。
5. 了解 QQ 营销的方法和策略。

通过本章的学习，读者能从实践角度出发，了解论坛营销、社区营销、博客营销、微博营销和 QQ 营销，巧妙运用各营销方法和技巧为新媒体营销做好充足的准备。

3.1 论坛营销

作为最早出现的在线社区，论坛拥有较为广阔的客户人群和极高的活跃度，因而成为争相追捧的营销利器。要想利用论坛营销，就要学会一些引导手段。接下来，我们就学习一些常用的论坛营销方法。

3.1.1 学会编辑帖子

编辑论坛帖子的方式多种多样，包括问题式、情景带入式和讲故事等多种形式。

1. 问题式

采用问题式的方法编辑论坛帖是较为普遍的一招，因为问题式软文相对较容易产生效果。问题式就是标题用提问的方式，因为很多人普遍有好奇心理，而问题式更容易引起人们的好奇心。

此外，一些人也有好为人师的心理，当看到提问时，就急切地想要帮助解答提问，这两种心理，使得问题式帖子的营销效果颇有成效。那么如何写问题式帖子呢？

（1）直接出主帖：直接出主帖就是在主帖上推出软文，如“放眼天下，试问挖掘机技术哪家强？”这一标题的主帖就是介绍学挖掘机到蓝翔的。其实楼主本身就已经给出了答案，这种模式相对来讲比较常见，因而营销效果一般。

（2）主帖问后跟帖回答：主帖问后跟帖回答是论坛的特有形式。我们还是以学习挖掘机为例，标题“据说学会操作挖掘机好找工作，请问挖掘机技术哪家强？”的主帖内容主要介绍自己是多么想要学习挖掘机，又是多么渴望找到一家挖掘机学校。然后通过马甲来跟帖，跟帖内容可以介绍自己的亲身经历，最好与主帖的背景吻合，描述自己当初找学校的经历以及是如何通过高人指点来到蓝翔，又是如何通过在蓝翔学习获得国家认可的学历，并成为某企业的骨干人员，如今的生活又是如何得到改善和提高等。这种方式的帖子与直接出主帖相比更具说服力，也更容易吸引有意向的人，进而达到意想不到的营销效果。

2. 情景带入式

所谓情景带入，其实就类似于讲故事，通过标题对某件事情的描述，让读者感同身受，进而单击查看自己的帖子。例如，“深夜，想到满脸的痘，不禁泪流满面”这一帖子，标题就很容易吸引脸上长痘的人单击进入查看，而其内容也是讲述了一个备受痘痘困扰的女生是如何与痘痘作斗争的。

我们都知道，一个优秀的论坛帖子一定要具备以下 3 个特点（见图 3-1）。

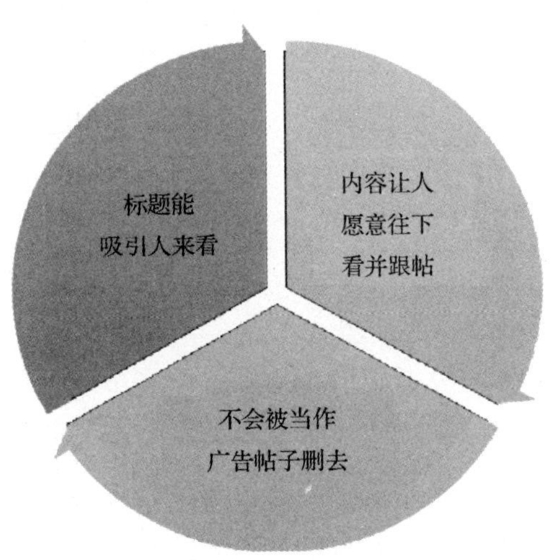

图 3-1　优秀的论坛帖子应具备的特点

而前面我们所讲的有关长痘痘的帖子，作为一种亲身经历很容易引起大家的关注，同样长痘痘的人就会有兴趣单击往下看甚至跟帖。该楼主接下来还利用两三个顶帖继续讲述痘痘给自己带来的困扰，并讲述自己是如何发现精油祛痘功效的，然后就是跟帖讲述自己使用精油的经历和体验等。这个过程可以说就是情景带入式论坛软文的典型案例，采用一步步带入的方法，顺利将目标客户吸引过来，成功利用论坛营销宣传了自己的产品。

很多人都喜欢看别人的经历、听别人的故事，而具体的事例也更容易让大家接受。只要与故事中的主人公有哪怕一丝共同点，就很容易成为潜在目标群。因此，这种情景带入式论坛软文写作方法是非常值得借鉴的。

总结我们前面所讲的案例，要想利用情景带入的方法进行论坛营销，就可以按照以下步骤实施（见图 3-2）。

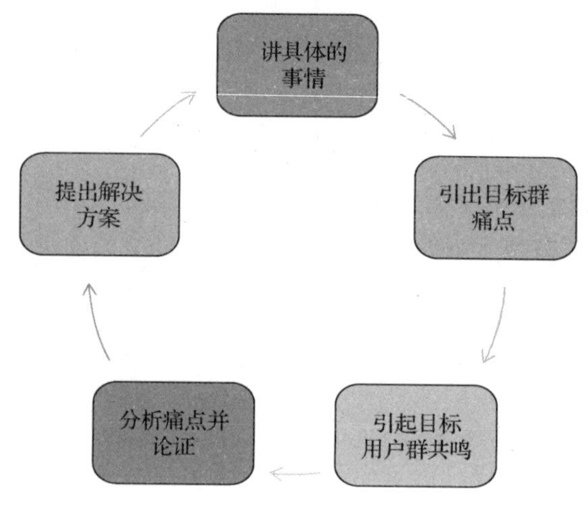

图 3-2　情景带入式论坛营销的实施步骤

其实，情景带入式和问题式可以联合使用，在进行论坛营销时，企业应根据自身实际情况酌情处理。

3. 故事式

讲故事比较符合当下人们的心理需求，所以也可以采用讲故事的形式来编辑论坛帖。需要注意的是，在创作故事前一定要做好完整的构思。就如同电影一样，知道自己的故事从哪个角度出发、从哪个地方开始，同时在编辑故事时还要清楚自己想要表达的故事情节是什么。除此之外，在描述故事时，还一定要清楚是从细节处描写还是以叙事角度描写，且连同结尾部分都要考虑在内。

当然，并不是所有人都擅长写故事。这时可以查阅相关参考资料进行学习和练习，实在不行就找专业人士帮忙撰写，可以让专业人士将产品的优势和特点加入故事，同时也可以直接将产品或品牌名称融入故事。在外包给专业人员时，一定要将自己准备植入的内容全部告诉他们，这样才有利于故事的顺利编排以及产品的有效推广。这里需要注意的是，当请专业人士帮忙撰写时，一定要做好沟通，不管是需要添加到故事里的内容，还是添加要使用的方法，都需要彼此协调好，一旦创作好故事后，就可以发布到论坛了。

3.1.2 形成口碑传播

很多人都说，论坛是一个比较杂乱的地方。的确，不管是天涯论坛、新浪论坛还是搜狐社区等，各种各样的人都可以发表自己的看法和言论。但论坛同时也是新媒体营销的重要地方，只要合理运用就可以为企业宣传带来良好的口碑效应。随着移动互联网和大数据的发展，天涯论坛、新浪论坛以及搜狐社区都开始相继推出手机客户端和多种全新板块。人们在各种论坛上八卦新闻、分享生活琐碎以及奇葩热点，所以论坛也逐渐成为八卦的发源地。但正是这种背景，恰恰成为企业进行口碑传播的有力武器。那么如何进行口碑传播呢？

1. 让成员参与进来

企业可以抛出一些有趣味的话题或帖子，吸引成员的关注和参与。只要有人讨论、转发帖子或关注了你，进而就会关注你的企业。

2014 年，一个名为“2014 冬全球潮人街拍集锦”的帖子受到了很多人的关注，其单击量超过了十万。为了让广大客户爱上自己的文章、关注自己的微博和网店，楼主利用简单、时尚而又潮流的图片和专业的讲解向大家呈现 2014 的最佳搭配和流行趋势。客户在观看的同时，还可以通过借鉴所展示的图片来为自己搭配。这一做法获得了大多数客户的认可，楼主的图片也获得了大量转发。由于每张图片上都加入了楼主的微博和地址，因此客户在转发的同时也帮助楼主圈住了大量粉丝。

2. 引入自明星

在论坛社区，企业还可以通过引入自明星来实现社群的广泛传播。这些自明星可以是网络红人，也可以是有名气的论坛达人，只要能够带动社群口碑的传播即可。

例如，顺丰快递就曾利用搜狐社区中的搜狐达人自明星做社群口碑传播。这位搜狐达人在社区中发表了一个名为“寄给我爸的快递真快，2 天不到就收到了”的帖子。帖子一经发出就收到了广大粉丝的留言，大家纷纷询问是哪家快递公司，而顺丰快递也因此在搜狐社区打响了名号，成功树立起良好的口碑。

其实，论坛社区的口碑宣传方式还有很多，但不管选择哪种，都要将重点放在内容和标题上。这样才能更加顺利地引导客户参与进来，并形成良好的传播。

3.1.3 掌握引流技巧

要想利用论坛引流，就要学会一些引导手段。接下来，我们就学习一些常用的论坛引流方法。

1. 发布火热话题

大部分人都有围观凑热闹的心理，所以公众号运营者可以在论坛中发布近期火热话题，以吸引周围的人参与。通过这种方法来引爆论坛，引起更多人的讨论，就可以达到引流的目的。

2. 融入八卦娱乐

很多人都喜欢看八卦娱乐，而当今具有娱乐性的内容也更易被人们看重。所以，运营者可以将文章写得更具娱乐性，并适当八卦一些，为客户提供更广阔的讨论空间，从而达到吸睛、吸粉的目的。

3. 利用故事呈现

大部分人都喜欢听故事，因此带有故事的内容从来都能吸引客户的关注。在撰写论坛内容时，建议穿插故事描述，这样不仅能提高文章的可读性，还能提高客户的关注兴趣，最终达到引流推广的目的。

3.1.4 营销注意事项

论坛推广营销的任何细节都会直接影响到最后的宣传效果，因此在进行论坛推广时一定要注意以下几点。

1. 做好定位

在寻找合适的论坛平台时，企业要遵循专业对口的原则。换句话说，就是要将目光锁定在目标客户群较为集中的论坛。如果是做旅游的，那么就要到旅游论坛上进行推广；如果是搞装修的，那么就要到装修论坛上进行推广。

在产品定位方面，要仔细考虑自己准备推广什么产品、怎样对产品进行深度了解、推广该产品的目的是什么、有什么推广目标等，只有列好较为清晰的推广目标，才能做好接下来的工作。

选择好产品后要做的客户群定位也是非常重要的，即一定要知道自己的客户群是哪一类、他们主要聚集在哪些论坛。通常，网民会根据自己的兴趣或工作来选择相应的论坛，因此不同的论坛所聚集的一般都是针对性较强的潜在客户。而采用广撒网的方式进行无选择的大规模营销是不可取的，这样很容易失败；相反，进行有针对性的营销则可以获得有效宣传，同时还可以避免盲目性，更易达到营销目的。

2. 注册 ID

在注册 ID 时，切记不要用毫无意义的数字或字母，否则很容易被大家误认为是进来浑水摸鱼的。与此同时，每个 ID 的头像和签名也都不要一样，主要 ID 最好经过特殊设计，其他 ID 如果实在不知道用什么头像，则可以查看同类 ID 使用的头像，然后在百度搜索类似的图片。如今是眼球经济时代，所以选择的图片一定要能吸引网友。除此之外，还可以同时注册多个 ID，通过自己顶帖来提高人气。而且还可以养号，利用多账号运行的方式来提高帖子的热度。

3. 切勿过度使用群发软件

如今各式各样的论坛群发软件可谓层出不穷，不仅简单方便、极易操作，同时还能为企业节省一大笔推广成本。而那些毫无诚信可言的网络推手，也在利用论坛群发软件进行推广。随着论坛之间竞争的不断加剧，以及“网管”力度的加强，其对帖子的要求也不断提高。因此，利用群发软件滥发帖子，最终不仅达不到推广的效果，反而会被删帖或封号，甚至会使得网址被屏蔽。

4. 切勿滥发帖子

帖子过多会使得网民无法找到自己真正想找的内容，当看到一大片帖子时，大多数人都会熟视无睹，根本不会单击浏览。试想一下，连单击的兴趣都没有，又何谈论坛推广效果？因此，发帖在于精而不在于多，频繁发简单劣质的帖子，只会让网民反感，并产生抵触心理，最终导致营销推广的失败。所以，企业一定要根据论坛特点和论坛成员的兴趣爱好针对性地发帖，经过自己精心设计的帖子要比狂轰滥炸式的浅陋广告帖更有价值，也更容易达到预期的推广效果。

5. 学会抢沙发

抢沙发对于论坛推广老手来说并不陌生，可分为两种形式：手工抢沙发和软件抢沙发。

（1）手工抢沙发：手工抢沙发的针对性较强，目标设定在特定的帖子上。因此，通过手工抢沙发时一定要做好数据分析，对各种帖子进行研究，找出哪些人的帖子会火起来，争取在第一时间抢到这些人的沙发。手工抢沙发的缺点是耗时耗力，如果是特别火的帖子，或是论坛中意见领袖所发的帖子，那么想要抢到沙发就会难上加难。

（2）软件抢沙发：软件抢沙发通常是批量对论坛中的新帖子进行检测并自动化地去抢沙发，整个过程相对手工抢沙发来说更为方便。

在抢沙发时，有些细节需要大家注意，如果论坛不允许发链接，那么可以尝试发店铺信息或品牌关键词；如果连这些内容也不允许发，那么可以将自己的网站域名或各种联系方式做成图片形式，待抢到沙发后放上去即可。抢沙发一定要对论坛进行熟悉和把控，学会分析和判断哪些帖子或者什么人的帖子会火起来，即便是判断不准确，也可以批量抢沙发。这里需要大家注意的是，通过抢沙发进行推广并不意味着只能在沙发位置做广告，也可以抢板凳、抢地板。只要是帖子前三的位置，都是不错的选择。

6. 内容的注意事项

创作帖子时要学会迎合网友的口味，可以先进行考察，再进行拍照或摄像，最后进行文字的整合。在帖子的创作上，要注意以下几点。

（1）标题：如果留心观察则不难发现，那些较为暧昧的标题很容易吸引大家的注意力，很多网友看到后就会生起好奇心，禁不住点进去浏览。这样就提高了帖子的浏览量，还能吸引路过的网友。但是需要注意的是，标题设置不要与内容相违背，否则会引起网友的反感。

（2）图片和视频：众所周知，图片和视频的表达效果更为直观，也更容易吸引人。所以，建议大家充分利用图片和视频加上宣传文字的方式进行发帖。

（3）广告：帖子中切忌出现硬广告，因为过于明显的广告内容很容易被删除。况且内容如果不够吸引人，那么即便发再多的广告也于事无补，浏览量自然不会高。

（4）争议性：显然，有争议性的内容更容易吸引网友的兴趣和参与度。如果你的帖子平平淡淡毫无争议可言，那么就很难得到网友的留言或评论。

7. 引导与维护

在论坛营销的过程中，虽然软文非常重要，但期间的引导以及后期的维护也是非常重要的。不管是前期的定位与分析，还是中期的发帖与引导，以及后期的维护和反馈，都对树立和维护企业形象起着至关重要的作用。因此，企业在进行论坛营销时，不仅要正确引导网友回帖，同时还要维持帖子曝光率，让帖子持续不断地进行宣传，这样才算是一次成功的论坛营销。

【案例分析】

一个馒头引发的婆媳大战

作为国内最大的酵母生产企业，安琪酵母股份有限公司所开发出的酵母具备很多保健功能，而这种神奇的酵母对于很多人来说还是比较陌生的。为了做好产品推广，安琪酵母开始尝试在新浪和搜狐等社区论坛制造话题，《一个馒头引发的婆媳大战》这一事件顿时引起了轩然大波。安琪酵母所策划的这一事件描述了北方婆婆与南方儿媳之间因馒头而发生的争执，引起了广大网友的热烈讨论，也将安琪酵母应用推上了热点话题。

案例分析：

安琪酵母的论坛营销推广做得非常成功。首先从论坛内容标题来讲，《一个馒头引发的婆媳大战》很容易引起目标群体的广泛关注。这时再由专业人员将大家的注意力转移到酵母的功能上来，让大家知道酵母不仅可以用来蒸馒头，还具有保健、美容、减肥的功能，这对于女人来说是个天大的喜讯；同时也让关注婆媳关系的主妇意识到选择好的酵母的重要性，进而成功激起她们的关注和购买欲。在这一次论坛营销中，安琪酵母利用一个馒头引发的婆媳战争，成功将自己的产品推送给客户，有效提升了产品的知名度，同时也提高了企业的信任度。

【实战训练】

1. 你通常采用什么方式编辑论坛帖子？
2. 你认为如何才能让成员积极参与到帖子的讨论中来？
3. 在合理定位方面你有什么自己的看法？
4. 你有没有用过群发软件？在这一方面你有什么看法？
5. 你认为发一大群帖子会对论坛营销产生什么样的影响？

3.2 社区营销

随着社区化生活方式的不断发展，社区营销成为很多企业出奇制胜的营销法宝。本节我们将学习一些有关社区营销的知识。

3.2.1 专业知识推广

在所有的营销性内容之中，专业知识是一种很好的选择。我们可以通过问答、百科等方式，把客户最关注的知识性问题展现出来，并提供合理的解答，从而满足目标客户的体验需求，达到宣传和推广的目的。

1. 选择问答平台

在利用专业知识进行营销前，我们先要选择一个优质的问答平台。一般来说，在互联网中认可度和权重较高的问答平台主要有百度知道、新浪爱问、搜搜问问、天涯问答（见图 3-3）等。客户可以根据自身情况，选择合适的平台进行推广。

图 3-3 天涯问答

2. 站在客户的角度考虑

在提专业性问题时，要时刻注意站在客户的角度考虑，以满足客户对相关问题的了解需求，从而取得良好的营销效果。例如，编辑问题“某地哪个培训机构更好？”就不如“某地某培训机构如何？”前者只是“好”与“不好”的二选一，很难激发客户的关注与讨论兴趣；而后者却是一个开放性的问题，容易引发讨论，并可以为客户提供很多有用的参考答案。

3. 选择针对性的问题

最好不要提太过空泛的问题，而要使问题更富针对性，并从中反映出具体、实用的营销信息，以此满足目标客户群的需求。例如，“网络营销怎么做？”就不如“我是一个卖面膜的，要怎样做线上营销活动，才能吸引爱美的女士们关注我呢？”

4. 合理优化问题

某些调查数据显示，目前客户的搜索习惯已经发生了一定的变化，由过去的 2～3 字词语搜索变成了现在的短语搜索，而这样显示出的结果会更为精确。因此，我们在提问时需要注意更加接近客户的语气与搜索习惯，从而保证问题的展现频次。

除此之外，由于客户在搜索时，需要触发关键字才能使问题得以显现，因而要注意将关键字合理地安排在问题标题中，以便增加问题的显现概率。

3.2.2 做好话题的把控

我们在开展内容营销之前，首先要确定内容的主题。换句话说，就是内容中要传达的核心思想，以及内容所要面对的目标群体。常见的主题包括以下几种。

1. 大众类主题

大众类主题是最容易被人们普遍接受，并产生较大传播性的，包括以下几个方面。

（1）大众熟悉的主题：有些行业性内容具有较强的传播价值，但若想被人们成功认知却较难。其原因就在于专业性较强，理解起来非常困难。而在此时融入一些大众十分熟悉的内容，就可以降低理解难度，让人们更容易认知。

例如，关于求职的指导性内容《如何掌握求职“破墙术”》，就借助了大家很熟悉的名词“破墙术”，将求职指导类内容形象地表现出来。

（2）大众理解并具有特定意象的主题：用大众理解并具有某些意向的词表达抽象概念，同样是一种较为常见的方法。这种方法不仅可以方便客户理解内容的含义，还可以增强内容的趣味性。

例如，某地女子联手成立了女子维权中心，媒体据此发布了《“秦香莲”结盟找负心汉》的新闻。

（3）大众理解的地域性主题：这一点主要体现在对大众认知度较高的方言的应用上，如“扑街”“无厘头”等。如果我们能够在内容中合理运用此类方言，就可以增强内容的可读性和趣味性，达到更好的吸睛效果。当然，这类词语的运用不能过多，更不能选择冷僻的词语，以免造成客户的阅读障碍，从而引发反感。

2. 小众类主题

小众类主题乍看之下与大众类主题相悖，实际上如果认真分析就会发现两者不过是在同等市场背景下的不同选择。而它们在营销活动中的根本目标其实是相同的，那就是提高客户体验、打造客户口碑。两者的不同点则主要在于，小众类主题更多的是一种针对现有市场和目标消费者群体的细分化策略。它具体包括以下 3 点。

（1）深：选择小众类主题当然是为了满足某一类群体的需求，但同时也意味着需要深挖目标市场，将小众类内容做深、做细，在专业性和体验性方面达到足够的高度，从而满足特定群体的深度需求。只有这样做，才能引起目标客户的好感和支持，取得出色的营销效果。

（2）快：在做小众化营销时，其关键点之一就是要快，即快速了解目标群体需求、快速与目标客户沟通、快速抢占目标市场，并在客户产生新需求和新动向时做到快速反应，根据相应变化及时调整自己的经营措施。只有这样，才能不断满足目标群体的需求，赢得客户的长期支持。

（3）圈：除了以上两点之外，我们在开展小众化营销活动时，还要注意打造圈层文化，将目标客户纳入特定的消费圈子中，并为他们提供故事、观点、感悟、情怀等内容，以此引发共鸣，使他们愿意分享并传播，从而扩大圈子的影响范围。

3. “二次元”主题

近些年来，“二次元”营销活动屡见不鲜，如“飞人”迈克尔·乔丹与漫画家井上雄彦联合发布的 JordanXSlamDunk 系列，统一冰红茶借助“二次元”和“小鲜肉”发动的创意营销活动等。这些现象说明“二次元”已经成为营销界的新宠，受到了各大品牌的青睐。那么，“二次元”到底是什么呢？它是一个相对于“三次元”（三维空间，也就是现实世界）的另类概念，指的是存在于平面上的二维空间。例如，动漫、游戏中存在的虚拟世界和虚拟人物都属于“二次元”的范畴。随着日本动漫在中国的流行，“二次元”开始成为一种时尚概念。它在“80 后”“90 后”“00 后”等群体中拥有很大的影响力和支持度，因而具有广泛拥趸。这对于商家来说，无疑意味着极大的商机。

（1）“二次元”在年轻群体中的普及性：商家之所以愿意在营销内容中凸显“二次元”因素，相当重要的一点是“二次元”作品本身的高人气和好口碑。这种情况有利于营销内容吸引年轻群体的关注，进而获得出色的营销推广效果。当然，这也需要企业和营销者对“二次元”作品本身具有足够的好感和信任，才能取得良好的合作双赢效果。

（2）“二次元”与品牌本身的契合度：品牌与“二次元”合作时，需要选择与品牌理念和内容相契合的作品。这种做法一方面是为了使客户更易接受相关内容并产生共鸣，另一方面是为了取得 1+1>2 的传播推广效果。例如，意大利著名服装品牌古驰与《JOJO 奇妙冒险》的合作，就是一次“二次元”与品牌融合，取得良好推广效果的成功案例。

对于营销者而言，在营销内容中凸显“二次元”因素是一种很好的营销方法。这样，不但可以借助“二次元”作品的知名度提高销售业绩，还可以在“二次元”作品的忠实支持者中产生很大影响力，起到增加客户人数、提高客户黏性的良好作用。

4. 趣味性主题

在媒体的报道中，我们经常可以看到一些奇闻趣事，这是媒体在借助趣味性因素来吸引大众关注的目光。而在营销活动中，我们同样可以借鉴媒体的做法，将趣味性因素融入营销内容中，开展趣味性主题活动，以此引发客户的关注兴趣与好感。下面，我们就来看几种具体的趣味性主题活动。

（1）客户奖项：在客户群中，总有一些忠诚度较高者。我们可以为他们量身定做一些奖项，如奖牌、证书等隆重颁发给他们；并附带一些特别优惠券之类的专属特权，以此满足他们的虚荣心和利益心。除此之外，我们还可以创建更多的细化奖项，以此引发更多客户的关注和主动参与。

（2）时尚节日：我们可以根据自己的营销内容，创建一个面向客户的时尚节日。例如，一个经营环保纸产品的商家，就可以选取每年固定的一天，创立“绿色衬衫日”；在节日前后举办相应的庆祝活动，并通过媒体和社交渠道向目标客户推广这个时尚节日。这样可以激发众多客户的参与兴趣，达到不错的营销效果。

（3）独特竞赛：在我们进行营销活动期间或前后，可以通过独特竞赛的方式来扩大营销内容的影响力，以达到更好的传播效果。例如，宠物商家可以举办“宠物与主人模仿秀”活动，办公品商家可以举办“办工桌上谁的用品杂乱差”大赛，并为赛事设立相应的奖励措施，使客户在参与过程中感到愉悦。这样可以在相当长一段时间内让客户讨论我们的活动和产品，从而起到持续发酵的作用。

除以上 3 点之外，我们还可以采取在视频网站上分享创意视频，举办“在线寻宝”活动等，以此彰显出营销活动的创意性，引发更大范围内的关注，从而取得更好的传播推广效果。

5. 正能量主题

2015 年 7 月 26 日，怡宝和中国扶贫基金会、中国社会福利基金会免费午餐基金联合，在广州发起了“晒三分钟，捐一瓶水”的公益活动，并向每位参与者承诺只要能够晒 3 分钟太阳，怡宝就会替他向缺水地区捐助一瓶水。这项活动不但在广大人群中取得了很好的传播推广效果，还成功引起了大众的共鸣，使怡宝“心纯净，行至美”的品牌理念得以真正落地，获得了社会上的一片赞扬之声。

上述活动的成功，固然与怡宝的创新营销理念有关，但更为重要的是其充满人文关怀的营销方式。换句话说，就是其活动中蕴藏着满满的正能量。

在当前充满躁动性因子和商业化元素的社会中，人们对于“正能量”的期待尤为迫切。营销者在进行营销活动时，就必须注重规避功利化陷阱，尽量将营销内容做得更有人情味儿和亲切感，并积极传达乐观向上的主题思想（如乐于助人、尊老爱幼等），以此激发良性的社会反响，为品牌和产品展开潜移默化的宣传。

在这一方面，东鹏特饮在电视剧《好先生》之中的植入就是成功的典范。其中在男主角陆远成功逆袭并挖走西餐店的厨师时，屏幕下方显现出东鹏特饮推送的广告——“陆远棒棒滴！醒着拼！”此举不但帮东鹏特饮品牌起到了很好的推广作用，还借助剧情传达了奋力拼搏、实现梦想的正能量，可谓一举两得。

3.2.3 意见领袖传播

意见领袖是指在人际传播中能给他人提供指导意见、信息，并能对他人施加影响的一类人。在两级传播的系统内，意见领袖扮演着重要的角色：大众传媒信息→意见领袖（信息加工）→普通受众。

意见领袖可以分为以下两种类型。

（1）单一型意见领袖：在某个特定领域具有一定的专长或声望，而对不了解的领域只是被影响者。

（2）综合型意见领袖：在多个领域对当地社会有多方面影响的人物，常见于传统社会或农村等，如有名望的家族在当地而言就是综合型意见领袖。

具体来说，容易成为意见领袖的四类人群有以下 4 种（见图 3-4）。

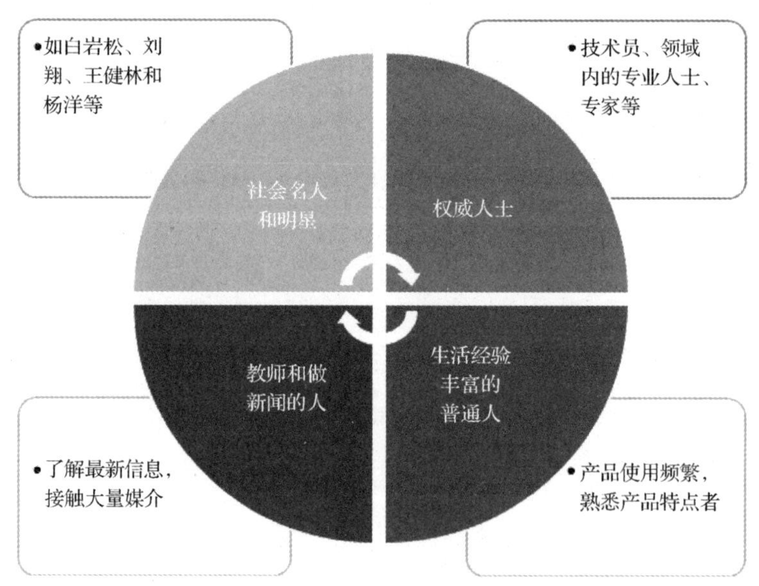

图 3-4 容易成为意见领袖的四类人群

那么要如何进行意见领袖的传播呢？

1. 付费做意见领袖的软传播

提到意见领袖，大家想到最多的可能就是微博、微信大号，而其中不得不提到明星这个群体。因为他们本身就带有发光体质，可以在短时间内吸引粉丝关注。

例如，Keep为了使品牌曝光，选定了《快乐大本营》这条综艺植入线路。因为Keep团队经调研发现，《快乐大本营》的粉丝和 Keep 的客户比较接近，于是就选择了当期明星朱亚文植入Keep。节目播出那天，Keep新增客户100万，可以说投放效果显著。

2. 利用明星形象做产品

对于创业公司而言，可能没有太多的钱去请明星做广告。但是它们完全可以利用明星的影响力，将明星形象和产品功能结合起来，以吸引粉丝的关注，并将其转化为客户。

如映客直播能长期占据App Store免费榜的前列，其关键就在于它拥有很多明星的独家资源。

3. 行业权威人士、专业达人

你的身边可能会有这样一群人，他们没有明星那样强大的光环，在某个圈子内却颇有影响力。利用这类人进行宣传，也可达到意想不到的效果。例如，G-SHOCK 的代言人选择的都是专业达人，因而取得了不错的销售成绩。

4. 自己生产意见领袖

柴可是“大姨吗”的创始人。在把柴可打造为意见领袖的过程中，我们会发现其公关团队对他曝光是既有节奏又有配合，从而使其在推广运营圈内得到了关注和认可。例如，讲创业经历的《大姨吗柴可：苦逼的富二代创业者》《大姨吗柴可反思三年踩过的坑》讲的都是有关其创业故事等。透过柴可，大姨吗得到了有效曝光。对企业来说，这是个很经济的方式。

【案例分析】

卡西欧G-SHOCK：聚焦专业圈子，打造小众领袖

G-SHOCK 是卡西欧旗下的腕表品牌之一。首先它是一款电子表，其次它有着和普通腕表所不一样的外观，既厚重又笨拙。所以在诞生之初，并不被消费者所接受。然而过了20年，G-SHOCK本身具有的潜水、防震、电波校准以及硬、酷、个性等特点，却让其在小众市场站稳了脚跟。在营销的过程中，G-SHOCK首先将这款腕表的营销关键词定在“音乐、时尚、运动、潮流”4个方面，并在美国选择了阿姆、贾斯汀·比伯来当代言人，让他们在多种场景下佩戴G-SHOCK的腕表，以影响粉丝去购买，最终使得G-SHOCK的客户忠诚度和复购率获得了有效提升。与此同时，G-SHOCK还与Eric Haze（著名涂鸦大师）以及国际职业街头滑板运动家Stevie Williams进行了合作，不仅拓宽了领域，还发展了新关系。

案例分析：

G-SHOCK在定位上通过对消费人群的分析，发现购买者主要是20～30岁对街头文化、

艺术等较为感兴趣的年轻群体，于是便采用了粉丝营销策略。即先让最时尚潮流的人成为G-SHOCK的粉丝，再去影响他的粉丝。如G-SHOCK在代言人的选取上，多是从小众圈子入手。一是因为代言费用相对较低，二是因为可以形成较深的合作关系。例如，G-SHOCKH和Eric Haze（著名涂鸦大师）的合作。涂鸦是个很小众的圈子，关注涂鸦这种艺术的人一定是很有个性、很有主张的人，这和G-SHOCK的主张不谋而合。在合作前，涂鸦圈的人对这个品牌并不了解，但通过和Eric Haze共同设计25周年Logo的方式，将G-SHOCK带入了涂鸦圈，开拓了涂鸦圈的小众市场。再如，和国际职业街头滑板运动家Stevie Williams的合作，使G-SHOCK加强了和整个滑板界的合作，为滑板品牌DGK推出了G-SHOCK的限量版。

当然，G-SHOCK的成功远不止以上提到的方面。在品牌传播上，G-SHOCK一般会要求合作代言人以视频的方式来呈现其生活方式和艺术形态，当然这种生活方式又和其所代表的文化相关。这种视频短片更具感染力，更容易让粉丝产生兴趣，从而加深对品牌的理解。在线上，G-SHOCK一般是通过软文、视频的方式在特定的社群里进行传播，以免费和付费相结合的方式实现营销目的。在线下，G-SHOCK会在门店举办活动，如周年纪念和新品发布等，给店铺增加人气。

【实战训练】

1. 请说一说专业知识对于社区营销的重要性。

2. 在进行社区营销时，你是如何选择话题的？

3. 你认为单一型意见领袖适合给什么样的企业宣传？综合型意见领袖又适合给什么样的企业宣传？

4. 你有没有试过意见领袖传播？效果如何？

5. 在自己生产意见领袖时，应该注意哪些问题？

3.3 博客营销

如今博客的热度虽然有所下降，但仍然是一款较好的营销平台。那么如何利用博客进行营销推广呢？这一节我们将为大家揭晓。

3.3.1 明确营销目的

博客对于很多人来说并不陌生，但是真正了解博客营销的人却少之又少。那么博客营销的目的到底是什么？博客营销能为企业或网站带来哪些利益呢？

1. 凝聚客户

博客可以凝聚一批有共同爱好的人。与网站不同的是，博客的背后是一个较为真实的人，也就是博主。举一个简单的例子，如果一位博主以创作文章为主，那么粉丝通过对其文章的阅读与其产生感情，并从侧面了解其想法和见解，知道了博主是一个什么样的人，而且大家拥有共同的志向，也就很容易为自己的梦想共同奋斗。

2. 打造品牌

一些人玩博客只是为了分享自己的人生经验，然而，久而久之就会在客户之间形成一定的认同感和影响力。这就是博客的重要价值，一旦粉丝客户达到一定的数量，那么很容易就会赢得一批较为活跃的忠实客户。这些客户就是宝贵的资源，对于博主打造品牌来说有着至关重要的作用。但是，很多企业在博客内容创作上总是一筹莫展，不知道该写什么。需要注意的是，博客的个人色彩相对较重，所以企业老板可以自行写博客，分享对客户有用的经验，以此来获取客户的进一步信任，为品牌的打造创造机遇。

3. 处理公关危机

在当今时代，不仅网络存在一定的风险，而且客户也比较挑剔，有的客户只要稍微有一点不满意，就会到处传播企业的负面消息。而这种负面消息对企业进行品牌创作也产生了负面影响，让其他客户对企业产生信任危机，甚至连老客户都对企业产品失去信心。当出现这种情况时，企业就可以利用博客澄清事实或道歉。如果负面消息是假的，那么就可以在博客上进行澄清；但如果负面消息是真的，那么就要主动承认错误，借助博客进行正面积极的处理，将如何纠正错误发布到博客上，使其成为自己的危机公关平台。其实，很多大型网站都有自己的博客，如谷歌的黑板报等。而借助博客处理问题，会使得很多大型媒体纷纷进行转载和报道。

4. 带来直接效益

除了前面提到的 3 个方面之外，博客还可以为企业带来直接效益。这种直接效益并不只是卖产品、广告或服务带来的利益，还包括较为内在的人品效益，只要人品做好了，其他问题相对都会好处理一些。当然，博客也可以通过卖广告来赚取直接利益，如卢松松的博客在短短一个月之内就创下了上万元的广告费，这就是很好地利用了博客访问量大和较为细致的特点。博客不仅可以做广告和宣传，同时还可以卖产品，如王晓峰的博客就卖起了 DIY 的 T 恤。除此之外，还可以利用博客售卖的产品有很多，但在创造经济效益的过程中一定要注意和谐发展，不能因为一时的利益使博客的发展受到阻碍，得不偿失。

3.3.2 四大营销模式

要想做好博客营销，首先就要了解博客营销的四大主流模式。

1. 模式一：将博客用作官方网站

企业可以充分利用博客进行品牌形象或产品形象的宣传与推广，让目标客户在博客与企业间取得联系，成为企业的意向客户。除此之外，博客的天然平台流量还能帮助企业进行形象的推广和宣传，而企业通过博客平台则可以与目标客户建立联系。需要提醒的是，将博客用作官方网站进行推广宣传时要注意以下 4 个核心策略（见图 3-5）。

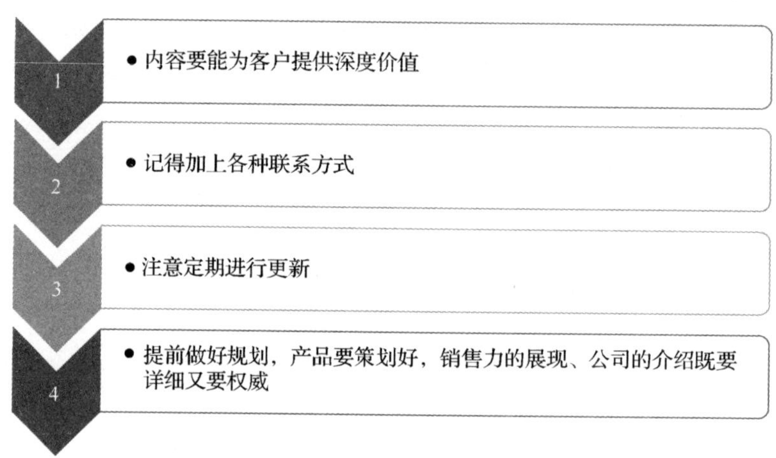

图 3-5 博客作为官方网站营销的核心策略

2. 模式二：将博客用作官方网站的辅助和补充

博客的个人化性质使得其内容较为多样化，语言风格也较为口语化。在博客上不仅可以宣传公司品牌和产品等较为官方的内容，还可以讲一些客户较为感兴趣的冷知识、热点话题，甚至是幽默笑话等。这样可以拉近与客户之间的距离，让企业更具人格魅力。这种将博客用作官方网站的辅助和补充的方式，需要注意以下 4 个核心策略（见图 3-6）。

3. 模式三：将博客当作链接平台

当前博客的链接权重虽已有所下降，但对于网站搜索引擎的排名还是有很大的促进和推动作用的。所以，企业可以将博客（尤其是高级博客）作为公司网站的外链平台。大部分博客都可以借助平台的权重传递，外链也基本是单向相关锚文本链接。此类博客要注意以下 4 个核心策略（见图 3-7）。

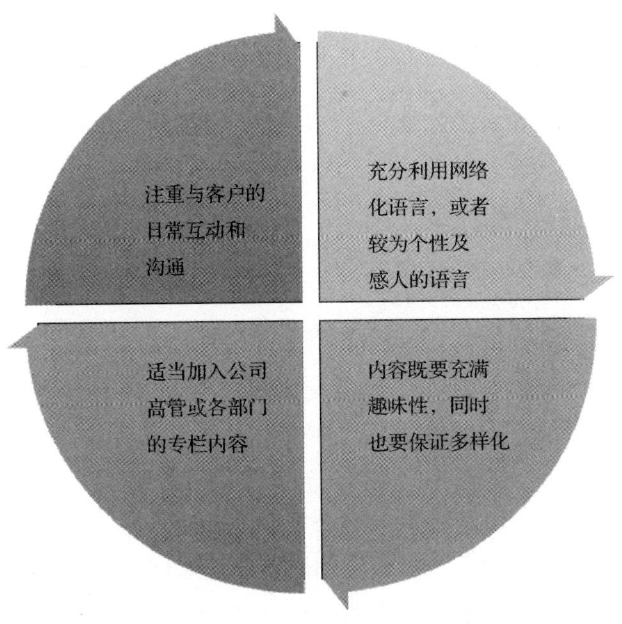

图 3-6 博客作为官方网站的辅助和补充的核心策略

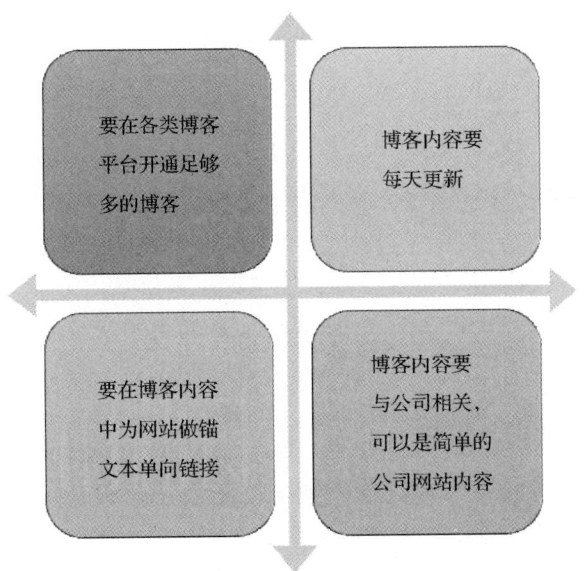

图 3-7 将博客当作链接平台的核心策略

4. 模式四：用博客来挂广告

大部分博客平台都提供广告服务，一些独立博客也是通过先做流量再利用广告联盟变现的。在通常情况下，大部分个人博客主都喜欢用这种方式变现，其营销方式与企业博客营销是完全不同的。用博客来挂广告的主要目的是做流量，只要有流量就会有单击收入（销售分成模式的广告联盟必须有销售成交）。因此，这类博客内容经常以网络热点为主，甚至会出现出格内容或标题党。

在进行博客营销时，一定要做好规划，对营销目的和模式进行深入研究和定位之后方能有的放矢，进而达到最佳的效果。

3.3.3 掌握营销策略

利用博客为公众号引流，讲究一定的营销策略。

1. 按时更新

要想做好博客引流，就要按时更新内容。这样你的粉丝才会衷心于你，同时也会使你的博客处于长期活跃的状态。可以说，按时更新是博客引流的基础。

2. 适当留言

平时可以多去同行粉丝较多的博客留言，同时附上自己的微信账号，以增加流量。需要注意的是，留言内容一定要有针对性，最好是能够吸引博主反馈。这样就可以让更多的粉丝注意到你，从而为之后的借势引流打下基础。

3. 客座博客

虽然国内客座博客应用较少，但以此作为引流的一种手段很可能会成为未来发展的趋势。客座博客引流就是专门邀请相关方面的专家在自己的博客上发布帖子，与此同时自己也在对方的博客上发布帖子，以达到双赢的效果。

4. 教程帖子

通过发布教程帖子来引流的实用性相对较强，可以吸引较多客户的关注，达到推广的目的。需要注意的是，所制作的教程帖子一定要是自己较为了解的话题，而且要将标题设置得清晰明了，尽最大可能使其更具说服力。与此同时，人们对于教程帖子的实用性关注度较高，所以，不要一味地讲一些知识类信息，而最好是以落地指导为主，这样才能真正吸引到大家的关注。

3.3.4 文案创作技巧

1. 产品功能故事化

要想利用博客进行营销，在文案创作上就要注意故事化，也就是要学会讲故事，并把产品的功能融入故事中。这样才能将生硬的产品介绍得更加生动，充满故事情节，做到让产品自己为自己说话。例如，《妈妈用去年的粽叶包粽子》是一篇典型的利用讲故事来体现产品（防潮柜）自身功能的文案，这篇博文一经发出就引来了众多客户的询问。

2. 产品形象情节化

很多企业宣传自己的产品时喜欢打口号，为的是使产品更加深入人心。但是要想真正抓住客户，打动客户的心，简单地打口号肯定是不行的。企业还要将自己产品的优势情节化，利用感人的情节打动客户，让客户只要记住情节自然就会记住你的产品。所以，设计深入人心的情节展现，就可以让客户认识并记住你的产品。

3. 行业问题热点化

博客文案的创作就是要注意抓热点，只有不断抓热点或者直接提出热点，才能真正吸引客户的眼光，并通过与同行对比凸显出自己产品的优势。当然，要想做到这点就要知己知彼，对竞争对手了如指掌，这样才能百战不殆。

4. 产品发展演义化

在对博客文案进行创作时，还要尝试赋予产品以生命，即通过拟人的手法来展现产品特色。这样不仅可以多层次、多角度地展示产品优点，同时还能利用童话、幽默等富有创意的写作手法吸引客户，给客户耳目一新的感觉，让客户深深地记住你的产品。

5. 产品博文系列化

利用博客文案进行营销并不是立竿见影的事情，而需要大家耐下心来苦心经营。在产品博文的创作过程中，可以尝试系列化的文案写作，即让客户像看电视连续剧一样通过故事情节的发展跟着你的博文走。因此，在产品博文的创作中要设计高潮部分，这样才能让客户有得看、愿意看、急着看，同时加深产品在客户中的影响力。

6. 博文字数精简化

与传统的媒体文章不同，博文并不能长篇大论，其创作既要论点明确，同时还要论据充足，以短小精悍为特点。如果篇幅过长或啰啰唆唆，就很容易引起客户的反感，浪费客户的时间。因此，一篇好的博文应该控制在1000字以内，这样才能符合当下人们的快节奏生活。

3.3.5 注意营销禁忌

在进行博客营销时，要注意避免出现以下问题。

1. 商业性质过浓

博客的客户群大部分是潜在客户，需要用心去培养感情。所以，企业不能在博客上一味地发布有关企业供求信息的内容，这样不会使客户产生太大的兴趣。而要通过软文来间接地将产品和服务介绍给客户，以潜移默化地影响到客户，并提高企业和产品的知名度。

2. 无有效内容

博客内容不能太少或一味抄袭，这样就失去了博客的价值，导致访问者不会太多，同时还可能影响到企业的品牌及形象。对于专业的企业博客来说，一定要有专业的内容，否则博客有不如无。所以，企业在博客的内容上一定要下工夫，不仅要有优秀的内容，同时还要包括行业新闻、发展动态、最新研究动向和企业研究课题成果等内容，并对这些内容进行合理分类，使得企业博客平台井井有条，引来更多同行及想要了解相关信息者的关注，获得更大的影响力。

3. 将博客当作排名工具

一些企业或个人在博客上总是发一些毫无意义的链接而没有什么基础内容，以此来提高排名效果。这样做从长远来看会给自身带来负面影响，甚至有可能被搜索引擎视为垃圾外部链接。

4. 单打独斗

博客营销成本较低，因此不太适合单打独斗。企业应该让所有感兴趣的员工均申请自己的博客，除了可以将自己的爱好和生活状态等内容分享到博客上之外，还可以帮助企业进行宣传。这样就会使得博客营销达到一定的规模，并迅速提高企业的知名度。

5. 没有自己的博客系统

通常情况下，免费的服务对于服务一方本身来说是不具有任何责任的。所以这种服务没有任何保障，一旦服务被终止，那么企业通过博客所积累的资源将消失殆尽。企业一定要建立自己的博客系统，并安排专业人员进行管理和备份，以确保网站可靠稳定地发展下去。除此之外，创建自己的博客系统还能吸引更多的人加入自己的队伍中，给企业的发展带来更深的影响。

【案例分析】

伊利金典“温情”牛奶的成功

作为全国乳品行业的龙头企业之一，伊利同样是一个非常看重产品质量和战略营销的企业。其旗下的金典牛奶在牧场、奶牛以及原奶选取和工艺制作上要求都极为严苛，通过 57 层甄选后将“最好的牛奶”呈献给客户。在营销策划上，伊利以“爱”的主题为格调，提倡让大家把爱表达出来。通过新浪博客这种深受广大网友喜爱的新媒体平台，伊利提出“为爱甄选”的口号，让

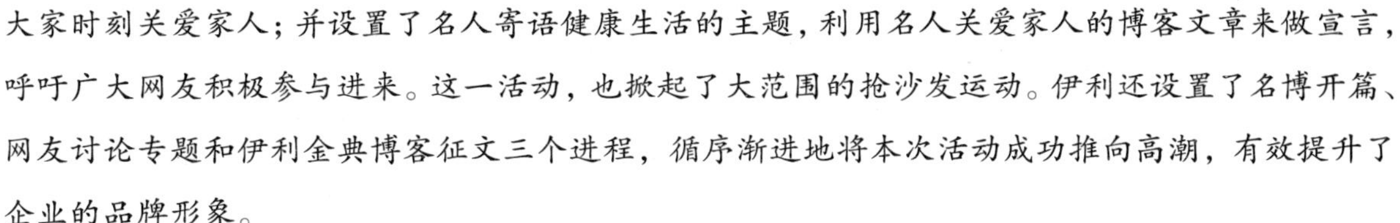

大家时刻关爱家人；并设置了名人寄语健康生活的主题，利用名人关爱家人的博客文章来做宣言，呼吁广大网友积极参与进来。这一活动，也掀起了大范围的抢沙发运动。伊利还设置了名博开篇、网友讨论专题和伊利金典博客征文三个进程，循序渐进地将本次活动成功推向高潮，有效提升了企业的品牌形象。

案例分析：

利用博客进行营销时，企业要想真正抓住客户，打动客户的心，简单地打口号肯定是不行的，还要将自己产品的优势情节化。正如伊利，利用感人的情节打动客户，以“爱”的主题为格调，提倡让大家把爱表达出来，让客户只要记住情节自然就会记住你的产品。除此之外，伊利在文案创作上还加入了名人效应，利用名人关爱家人的博客文章来做宣言，进一步让产品形象情节化，最终成功让客户认识并记住你的产品。

【实战训练】

1. 进行博客营销时，有什么需要注意的地方？
2. 你在进行博客营销时采用的是什么样的模式？效果如何？
3. 在进行博客文案的创作时，你有什么独到的见解？
4. 发布博文时需要注意什么？
5. 你是如何利用博客向客户展现自己产品的功能的？

3.4 微博营销

微博营销是目前很火的一种营销方式，其实用价值和潜力也是十分巨大的。由于微博具有极高的传播速度，因而对企业营销来说可以产生很大的助力。那么具体该从哪些方面利用微博进行营销呢？

3.4.1 微博的移动端结合方式

随着移动互联网时代的到来，微博的发展应用平台多以移动端客户为主，并通过手机将这些移动端客户联系起来，让他们只用手机就能随时随地发布自己的心情和最新信息。

具体来说，手机微博和移动端的结合方式主要有以下几种。

1. 短信和彩信

这是一种通过发短信就能更新微博的方式。其优点是操作简单，覆盖的人群范围较大；

缺点也很明显，那就是更新成本很大，而且因为彩信具有 50K 容量的限制，所发图片会变得十分模糊。

2. WAP 网站

我们通过 WAP 网站，也可以实现在手机上发微博的目的。但是这种方式比较耗费流量，网速也比较慢，如果想发送大一点的图片信息，将会耗费很长时间。

3. 手机客户端

手机客户端一般分为以下两种。

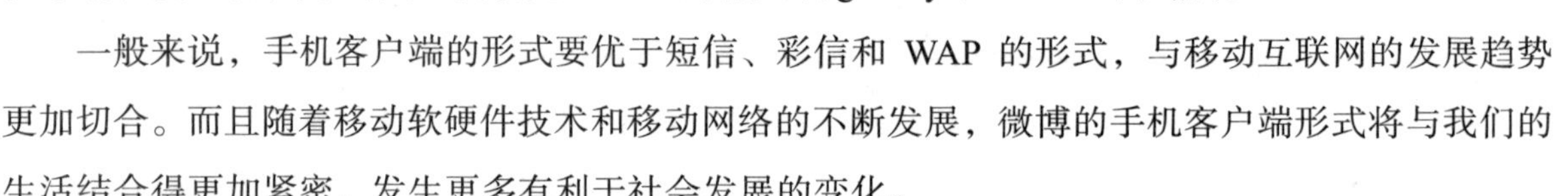

（1）基于 WAP 的快捷方式版：这是一种由微博网站开发的客户端。客户可以通过它连接到 WAP 版微博网站，而且此类网站往往是被美化和优化过的。

（2）第三方客户端：这种客户端的开发依据是微博网站提供的 API（应用程序编程接口）。其中的典型代表是 twitter 的客户端 gravity 和 Hesine（和信）。

一般来说，手机客户端的形式要优于短信、彩信和 WAP 的形式，与移动互联网的发展趋势更加切合。而且随着移动软硬件技术和移动网络的不断发展，微博的手机客户端形式将与我们的生活结合得更加紧密，发生更多有利于社会发展的变化。

3.4.2 微博营销的方法

利用微博引流是目前很火的一种方式，其实用价值和潜力也是十分巨大的。由于微博具有极高的传播速度，因而对企业引流来说可以产生很大的助力。那么，具体该从哪些方面利用微博进行引流呢？

1. 关键词

企业可以利用微博进行关键词搜索，按照时间或地域等关系进行精确查找获得的客户较为精准。但在搜索时最好是输入核心关键词，如你的产品是奶粉，而买奶粉的客户通常都是父母，所以关键词可以锁定在"我家宝宝"或"我家闺女"；同时也可以按照昵称来搜索，如"妮妮妈妈"或者"花花妈妈"等。

2. 竞争对手

多关注竞争对手的动态，设法从对手那里发现精准客户。企业可以直接关注对手的微博，多与其粉丝进行互动，并建立起长期的信任关系，从而将对手的粉丝转化成自己的客户。

3. 热点话题

平时要多关注与自己的产品相关的热点话题，然后发现跟自己一样关注这些话题的人。这些人往往都是潜在客户，尝试与他们取得联系，并建立友好关系，就可以获得一批精准客户。

4. 热门微博

参与微博互动，找到相关行业的热门微博，观察转发和评论该微博的人，从这些人入手同样可以获得目标客户群。

5. 互动交流

你可以多做调查，关注一些相关人群。通常情况下只要你关注了他们，基于礼尚往来他们也会关注你。但注意不要一上来就发生硬的广告，这样容易让对方产生反感。平时可以多发表一些积极向上的评论，在有了一定联系基础的客户后，可以将新的产品信息或优惠活动@给他们，从而建立起长期的互动关系。

利用微博引流不能单纯以做广告为目的，而要将有价值和娱乐性的内容分享给大家，这样才能真正获得粉丝的支持。

3.4.3 微博的编写技巧

对于商家来说，微博文案的好或坏在很大程度上能够决定营销的成败，是一件不容忽视的事情。那么怎样才能编写出好的微博文案呢?

1. 内容简练

微博的字数有一定的限制，通常不能多于 140 字，所以我们编写的内容不宜过多。一般来说，可以将字数控制在 100～120 字，这样就可以使客户在转发时带上评论，从而更乐意进行转发。

2. 内容包含三要素

我们在微博内容的编写上，最好是同时包含@、#和链接三个要素。其中@指向某一客户，可以在很大程度上保证该客户会阅读内容；#则增加了微博被搜索到的概率，有利于被粉丝之外的人看到；链接则是我们分享内容的有效途径，更容易激发起客户的关注兴趣。

3. 选好链接位置

很多人都会选择在文案最后添加链接，实际上这样做的效果并不明显。我们可以选择在中间比较醒目的位置，如重点符号前后、重点字词前后添加链接，这样往往可以达到很好的吸粉、吸睛效果。

当然，除了上述技巧之外，我们还可以通过其他方法，如在内容中添加一些互动性和趣味性因素等，以此来达到吸引粉丝眼球的目的。

3.4.4 微博内容的建设原则

微博内容是将受众或浏览路人迅速转化为粉丝并长期存留的关键因素，因此具有一定质量的内容对后续建设工作来说至关重要。在创建微博内容时，要遵循“定制+非定制”的原则（见图3-8）。

图 3-8 创建博客内容要遵循的原则

微博的内容应以一开始的定位为基础，以一些各种类型的热门话题为延伸来进行发展。那么在撰写微博内容时又该注意哪些问题呢？

1. 微博内容的质量要有保证

无论话题和自己所要推广的商品有没有联系，都要抱以认真的态度去撰写微博内容，发表高质量的微博。粉丝不是简单潦草的敷衍就能得到的，一个微博大V所具有的影响力都是通过认真的态度积累下来的，而没有哪个大V的成功是一气呵成的。微博的内容决定了粉丝的拥有量，只有认真对待才能获得预期的影响力和广告效果。

2. 积极互动，善用评论和话题

微博最鲜明的特点就是互动性强，互动周期短。作为博主要经常查看粉丝的评论，并积极和粉丝进行互动，拉近和粉丝之间的距离。博主通过查看粉丝评论的内容，可以摸索粉丝的喜好和厌恶程度，并据此挑选性地进行微博的发表。

3. 微博内容的原创性

一条热门微博的原创博主和话题中的人物很容易被人们所记住，所以要尝试做那个原创性的人，而不是转发话题的人。现在原创知识产权受到越来越高的重视，因此不要在未经作者同意下抄袭他人的文章。

4. 发广告需要一定的技巧

在发布商品的信息时，措辞要含蓄，尽可能地把广告嵌入有价值的内容当中。这样既能起到

宣传产品的作用，又因为能为粉丝提供价值型的内容而不会让粉丝厌恶。这样的广告具有一定的隐蔽性，所以转发效率更高，营销效率也更好。像生活中的小技巧、免费的资源、有趣的事等，都可以成为植入广告的内容。

3.4.5 微博的发送策略

当我们编写好微博文案后，接下来就是发送环节了。发送并不是一件简单的事，它需要我们根据现实情况，选择适合自己的发送策略。一般来说，发送微博需要注意以下两个方面。

1. 选择合适的发送时机和频率

专业人士经过统计和研究发现，发微博的最佳时机主要集中在 3 个时间段，分别是 9:30～12:00、15:30～18:00、20:30～24:00。在这 3 个时间段内，上微博的人较多，即微博的活跃度较高。如果我们能够抓住这些有利时机，发送高质量的微博内容，往往会达到良好的宣传推广效果。

而对于微博的发送频率，则最好是控制在一个有限的范围内，不要过于频繁，以免引发粉丝的厌恶心理。一般来说，20～60 分钟发布一条，一天内发布 10～15 条比较适宜。

2. 注重发送的连续性

微博和一本定期更新的电子杂志很像，都需要我们定时、定量、定向地在上面发布相关内容，以此来达到吸引客户持续关注的目的。需要注意的是，我们在博文的选择上一定要注重质量。因为低质量的内容很容易引发粉丝的不满，使他们失去对该微博的信任，从而不再去关注微博内容，最终引发掉粉的恶果。

3.4.6 微博活动的策划

在微博建设的初期，策划活动是必不可少的环节。它可以更好地调动起粉丝的主动性和参与性，然后趁着粉丝高涨的热情，设法融入并积极和粉丝进行互动。通过策划活动，企业可以使自己的粉丝成为一个活跃的群体，而不是所谓“僵尸粉”。

1. 策划活动的注意事项

（1）确定主题：主题是要策划活动的精神所在，所以一定要仔细考量。

（2）明确目标：策划活动时需要清楚地知道本产品的适用人群，明确本次活动针对的是何种目标团体。

（3）制定方案：一个详细、清晰的方案是活动顺利开展下去的基础，也是活动按照详细步骤执行下去的关键，可以说关乎活动最后所取得的成效，所以必须谨慎。

（4）制定宣传语：宣传语是引起客户第一兴趣的重要因素，所以要认真制定简单清晰、让人难忘的宣传语。

2. 微博活动的策划方法及手段

（1）有奖活动：这种活动是基于企业微博账户推广产品而诞生的，更适用于企业微博的初期建设。企业可以通过大量的有奖活动来激发客户的参与性，达到圈粉的目的。有奖活动一般分为有奖转发、有奖征集、有奖竞猜和有奖调查 4 种。

有奖转发是目前应用最多的活动形式，只要粉丝和客户转发、评论微博，并@好友就有机会中奖。这是最简单的方法，也是粉丝最不用操心的方法。这种方法是通过粉丝渔网分散式的传播，达到快速打响产品品牌和圈粉的目的。

有奖征集就是通过征集某一问题的解决方法来吸引粉丝和客户进行参与，常见的有奖征集主题有广告语、段子、创意等。这种通过奖品的诱导，充分调动客户兴趣的方法有效并且有趣，适用于微博中期的推广和运营阶段。

有奖竞猜是微博主出一条谜语或题目，通过揭晓谜底或答案的方式来抽奖。竞猜包括猜图片、猜文字、猜结果、猜价格等方式，虽然应用得不是很多，但是策划得好还是很有互动性的，而且将各环节策划得越有趣味越好，可以促进客户的转发率。这种方式偶尔用一次就好，并不适合常用。

有奖调查应用得也不是很多，主要是企业或个人通过奖品的诱导来激发客户回答所调查问题。它一般不是为了销售和宣传商品，而是为了收到客户的反馈和建议。

（2）爱心活动：这种活动更适用于个人微博账户。爱心活动主要是激起客户的爱心和同情心，通过转发和评论使自己的粉丝群活跃起来，还能赢得其他客户的关注，可谓一举两得。

3.4.7 微博墙的使用

微博墙又名微博大屏幕，它可以让现场参与者和网友发送的微博同时显示在大屏幕上，并可以使场内外观众在第一时间内传递和获取现场活动的信息。微博墙经常用于产品展览会、婚礼现场、科技产品发布现场等主题会场。

1. 微博墙的申请要求

微博墙至少需要提前 3 天进行申请，内测版本期间需要满足以下条件（见图 3-9）。

2. 微博墙的申请步骤

微博墙的申请步骤如图 3-10 所示。

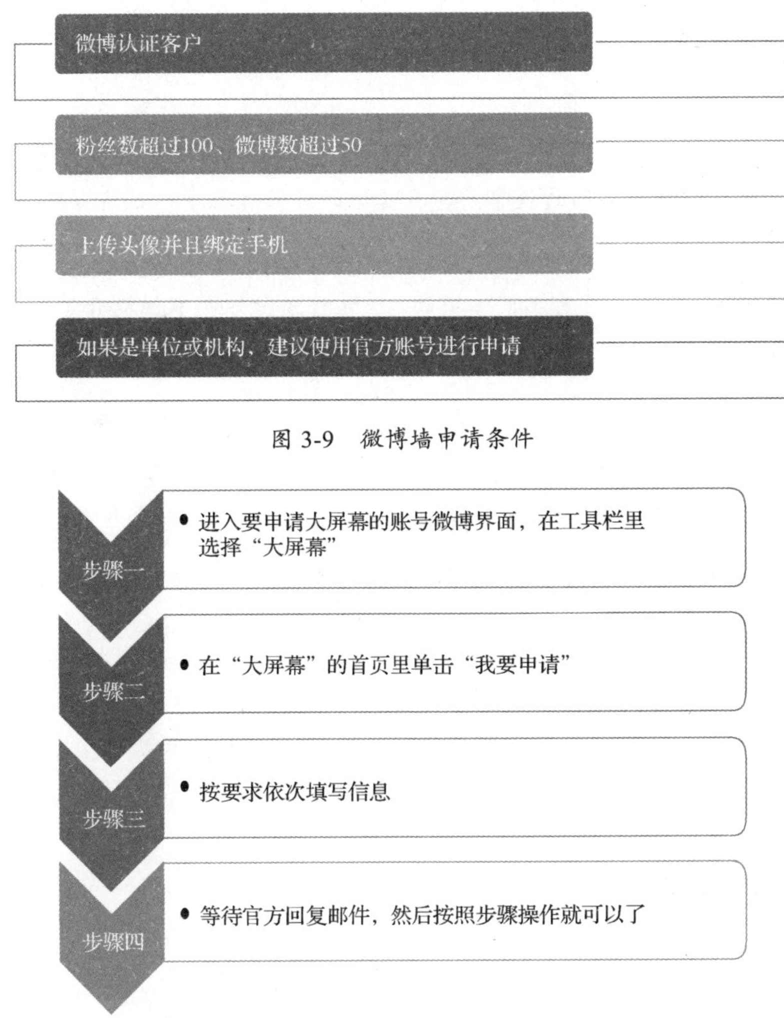

图 3-9　微博墙申请条件

图 3-10　微博墙的申请步骤

【案例分析】

野兽派花店的微博故事营销

“野兽派花店”是一家很特殊的花店。说它特殊，是因为它既没有实体店铺，也没有淘宝店铺，而是一家开在微博上的花店。但是，它凭借着微博上的几张花卉照片和一段段文字介绍，竟然在不到一年的时间里从无到有，吸引了近20万粉丝的关注。其中，很多人甚至成为“野兽派花店”的忠实拥趸。野兽派花店认真倾听每位顾客的故事，并将故事转化为充满意境的花束，以此来满足不同顾客的需求。例如，祝福自己结婚周年快乐的、祝福父母身体健康的、想念心爱的人又不好意思表白的。这些不同的情绪，都被野兽派花店转化为相应的故事，并巧妙地融入不同的花束之中。此外，野兽派花店所选花卉大多为进口的高级品种，经过精心修饰雕琢后，添加上具有文艺气息的名字和包装，通过微博私信下单的方式，出售给具有不同心境的人。

案例分析：

通过上面的案例我们不难发现，野兽派花店的成功并不是偶然的。在进行微博营销的过程中，野兽派花店善于挖掘引起顾客共鸣的故事。其在具体的经营过程中，认真倾听每位顾客的故事，并将故事转化为充满意境的花束，经过精心修饰雕琢后，添加上具有文艺气息的名字和包装，通过微博私信下单的方式，出售给具有不同心境的人。这种经营方式不但提升了花卉的品位和层次，而且充满了创意性，引发了众多顾客的追捧，进而取得了出色的售卖效果。

【实战训练】

1. 你认为微博营销和博客营销有什么区别？
2. 除了本书提到的方法外，你还知道哪些微博营销的具体方法？
3. 在编写微博内容时，有哪些技巧和原则？
4. 你通常在什么时间段内发送微博，效果如何？
5. 你做过哪些微博活动？效果如何？你认为还有哪些改进的地方？
6. 你用过微博墙吗？你认为微博墙对于微博营销有什么作用？

3.5 QQ 营销

QQ 平台拥有庞大的营销潜力，其客户量超过 8 亿，日活动客户量超过 5 亿。这也吸引了企业与商家的目光，利用 QQ 引流为他们带来极大的营销价值。

3.5.1 QQ 群营销

利用 QQ 进行营销的方式有很多，这一节我们先来学习如何利用 QQ 群引流。

1. 准备 QQ 号

利用 QQ 群进行引流，首先要多准备几个合适的 QQ 号，并尽量完善 QQ 资料，因为越真实越容易得到客户的信任。除此之外，还要为 QQ 号设置好的个性签名和标签，同时也可以开通会员以获得更多的权益。

2. 搜索加群

准备好 QQ 号后，就可以定向搜索 QQ 群了。搜索群之前要明确加群目标，包括一天要加多少人、与多少人聊天等。

3. 参加群活动

加群之后的第一步就是了解群规则，不要因为违反规则而被群主踢出去；同时还要多在群内发言，积极参加群活动，总是潜水就没有意义了。商家可以和其他成员打招呼，也可以主动加好友，以私聊的方式拉近彼此之间的距离。

4. 引流导流

商家可以利用多个 QQ 号上传群附件，将内容做成 PDF 格式，但要保证一定的质量；同时附上微信号，这样大家收到想要的干货内容时，就可以通过加微信来关注你。注意要将标题设置得诱人一些，尽量吸引大家来阅读。但不要打生硬广告，否则很容易被踢出群，或者被管理员删除。除了上传群附件之外，还可以发送群邮件，这就需要平时多整理积累一些话术，学会与人沟通的技巧。

3.5.2 QQ 鱼塘营销

在互联网快速发展的当下，自媒体可谓火热无比，吸引了很多人关注的目光。而 QQ 空间作为一种简单、易于操作的自媒体形式，自然得到了很多营销者的青睐，凸显出极大的营销潜力。我们在利用 QQ 空间进行营销时，可以充分发挥 QQ 空间的特性，结合“鱼塘式营销”的方法，进而取得良好的传播推广效果。

QQ 鱼塘营销主要分为以下几个步骤。

1. 设立鱼塘

所谓设立鱼塘，其实就是指建立 QQ 空间，并将空间修饰成与我们所推产品或服务相一致的风格。只有这样，才能吸引访客光临，并使其感受到“家”的温暖，从而创造出良好的营销售卖环境。例如，卖宠物用品的商家，就可以将自己的 QQ 空间设置成充满爱心、温馨的风格。这样做更易引发宠物主人的关注和支持，最终取得较好的营销推广效果。

2. 引鱼入塘

这一步是整个 QQ 鱼塘营销中的重点。我们在完成设立鱼塘的步骤之后，就要尽量吸引更多人的关注，进而使他们转化为我们的粉丝。其具体方法有二（见图 3-11）。

3. 将鱼养肥

在完成前两个步骤之后，我们就要想办法将池塘中的“鱼”养肥。换句话说，就是提高现有粉丝的黏度和支持度，让他们成为我们的铁粉，从而创造出更大的价值。若想做到这一点，我们就要发送一些对粉丝有用、具有趣味性的高质量内容。例如，卖化妆品的商家，就可以不时发送一些实用的化妆技巧、保养知识等，以此来吸引目标人群（主要是女性）的关注和兴趣，进而达到预想的营销目的。

在一些影响力较强、受众较广的网络社交平台上，如微信、微博等，选定几个与产品或服务相关的大型社群，在群中好友发送消息时积极进行评论，以增加曝光度

去用户较为集中的百度贴吧和论坛中，对产品和服务进行针对性推广（当然要注意避免采用硬性广告模式，以免被百度贴吧和一些论坛禁言删帖）。在采用了上述方法之后，QQ空间的粉丝就会慢慢多起来

图 3-11　引鱼入塘的方法

4. 淡定捕鱼

完成上述 3 个步骤之后，接下来就是“淡定捕鱼”的环节了。因为基础营销空间（QQ 空间）已经足够完善，粉丝的数量已经足够多，粉丝的忠实度也已经足够高；所以，我们完全可以稳坐钓鱼台位置，等待有需要的粉丝主动“上钩”。当然，这并不意味着我们什么都不需要做。在这一环节中，我们还是要通过各类社交媒体，与粉丝进行积极的沟通，全面掌握其需求变化情况，并及时调整营销策略，进行针对式推荐。

总之，只要我们长期坚持下去，便可以产生重复营销的良好效果，进而将 QQ 鱼塘营销真正做好。

3.5.3　QQ 空间营销

要想利用 QQ 空间进行引流，第一步就是设置装扮好 QQ 空间，以吸引客户的目光；同时还要打造优质内容，充分利用说说、日志和空间相册等功能来实现引流。

1. 装扮空间

QQ 空间有很多装扮都是免费的，但部分装扮有使用期限，所以要记得及时更换，以便给好友带来新鲜感。除此之外，还可以开通黄钻以享受更多的装扮功能，如背景音乐和更漂亮的套装等。

2. 说说引流

可以利用说说来进行引流，注意每天最少要发 3～5 条说说，内容要多样化，搞笑型、鸡汤型均可；也可以选择互动性强的内容，让大家共同参与进来，从而引来较高的流量。

3. 日志引流

如果有一定文字功底的话，建议大家写原创日志，这样更容易引起读者的兴趣。当然，也可以转载一些优质内容作为自己的日志，通过观察好友的反应来选择日志的类型。

4. 相册展示

大部分人都喜欢看相册，因此，你可以将自己想要好友看到的内容以相册图片的形式展现出来。请记得细心为照片添加描述，以最大化地引来更多的流量。

利用 QQ 进行引流虽然短期内很难看到成果，但只要有足够的耐心，坚持下去总会收到意想不到的推广效果。

3.5.4 QQ 邮件引流

QQ 邮件也可以达到较好的拓展客户的目的。利用 QQ 邮件引流时，在内容、形式以及发送上都有一定的技巧。

1. 内容

利用邮件引流时也要注意内容的定位，着重将产品特色信息和同类优势信息表现出来；同时还要保持内容风格一致，做出自己的特色，以吸引到更多的客户。

2. 格式

QQ 邮件在发送前一定要做好格式调整。邮件开头最好能将邮件类别和内容提要表达出来，如“这并非垃圾邮件，而是××产品的介绍信息，如果您有这方面的需要，请与××联系，您将会得到我们完美的服务”。这样可以避免被当成垃圾邮件而清理掉。

3. 目录

邮件的目录一定要清晰明了，能够让客户一目了然。这样不仅可以避免客户出现阅读障碍，还可以提高其阅读兴趣，进而产生好感，对于引流有一定的促进作用。

4. 频率

邮件的发送频率对于邮件营销本身来说是至关重要的：过于频繁容易引起客户的反感，频率过低又容易让客户忽略。只有把握好维度，在固定的时间进行发送，且长期坚持下去，才会达到切实的效果，赢取客户的信任。

【案例分析】

美丽说的 QQ 空间营销

美丽说搭建了企业腾讯认证的 QQ 空间，通过不断发放和更新最新资讯和内容收获了上千万粉丝，然后通过对粉丝需求和兴趣的了解来推广具有针对性的信息。

2014 年，美丽说利用 QQ 空间推出“签到得奖，快快单击吧！HelloKitty 柠檬杯在向你招手”活动。活动一经推出就得到了上千人点赞，阅读量也高达 1.5 万，这一成果明显得益于美丽说 QQ 空间粉丝们的转发和传播。

案例分析：

美丽说的案例告诉我们，QQ 空间俨然已成为企业社群营销的重要根据地。要想获得宣传并得到良好口碑，企业就要重视和充分利用 QQ 空间，通过定期更新内容板块来吸引粉丝，让粉丝活跃起来；与此同时，还要抓住准确的时机进行更新，一般上午九点到十一点、下午两点到三点，以及晚上八点到十点是最好的更新时间，既可以避免打扰粉丝的正常作息，又能让粉丝更精准地查看和宣传内容。

【实战训练】

1. 说一说你是如何利用 QQ 进行营销的？
2. 你认为进行 QQ 群营销时应该注意什么？
3. 在 QQ 空间装扮方面，你有什么自己的看法？
4. 你使用过鱼塘营销吗？效果如何？
5. 在进行 QQ 邮件引流时，你认为最重要的是什么？
6. 你认为 QQ 营销和微博营销有什么相同和不同的地方？

第4章 手机新媒体营销方式

学习目标

1. 了解常见的手机新媒体营销方式。
2. 了解微信的多功能营销方法。
3. 了解二维码营销的方法和策略。
4. 了解App营销的特点、方法、模式和策略。

通过本章的学习，读者能从实践角度出发，了解手机新媒体营销的方式以及不同营销方式的特点和策略，为新媒体营销做好充分的准备。

4.1 微信营销

随着微信的火热兴起，微信营销也逐渐走进人们的视野。微信不仅缩短了人们之间的距离，也建立起自己与好友之间的朋友圈，还是很多企业宣传推广自己品牌的重要工具。那么微信营销的重要功能都有哪些呢？本节我们将为大家进行详细介绍。

4.1.1 微信群

对于企业来讲，微信群的分享交流功能是很好的引流利器。如果能充分利用微信群，不仅可以有效提高品牌的知名度，还可以给日后利润的增长带来极大的好处。那么如何利用微信群进行引流呢？

1. 设置欢迎语

企业可以为微信群设置贴心的欢迎语，这样当新客户进入群内时就不会因为陌生和紧张而无言以对。企业操作人员可以直接说："让我们热烈欢迎××成为××大家庭的重要一员！"想方设法让新成员放松下来，真正融入群内。欢迎语的设置不仅可以消除新成员的紧张感，而且还能提高其对微信群的信任感和认同感，使整个微信群变得更加活跃。

2. 建立群规则

微信群作为一个组织要有自己的群规则，这样才能促进群成员之间良性友好地发展下去。规则最好是在建立群之前就拟定好，并使每位成员在入群前就有所了解。与此同时，每隔一段时间就要在群中发布一次规则。这种强调有助于树立严谨的心态，打击违反规则的不良行为，使得整个群变得更加有序健康。

3. 创办群文化

我们还可以为微信群创办群文化，作为共同理念或共同追求，以此来促进大家共同成长和进步。在移动互联网时代，共同利益固然重要，但想靠此长久稳固形成连接是不太现实的。所以要让群成员树立起共同的理念和追求，只有做到志同道合才能从根本上建立起联系并延长连接的寿命。

4. 突出实用性

通常客户之所以加入一个微信群，都是奔着一定的目的而来的。如果进群后没有得到任何价值意义上的收获，那么谁都不会在群内待得太久。通常情况下，客户加入群的目的就是学习知识、了解时讯，与此同时最大化地拓宽自己的人脉。因此，一定要设法满足客户的需求，为其提供实用的学习、新闻播报、互动交友等服务。这样才能吸引更多客户的加入，使微信群壮大起来。

5. 更改群名称

微信群名称是可以更改的，一成不变的名称容易使成员产生审美疲劳，从而降低整个微信群的活跃度。所以，建议大家隔一段时间就对群名称进行一次更改，选择当下新鲜、时尚并且与群整体特色相符的新名字。这样，不仅可以吸引群成员的注意力，激发他们的讨论兴趣，还能提升微信群本身的活跃度。

6. 处理无效成员

要定期处理无效成员，而常见的无效群成员包括以下 3 种（见图 4-1）。

无效成员有时不仅不会给微信群带来活力，反而会引领大家向负面方向发展。所以，一定要定期将无效成员踢出群，这样才能保证群成员的纯洁度和活跃度，也才能使整个群氛围变得更加舒适健康，进而使群成员能轻松愉快地相互交流。

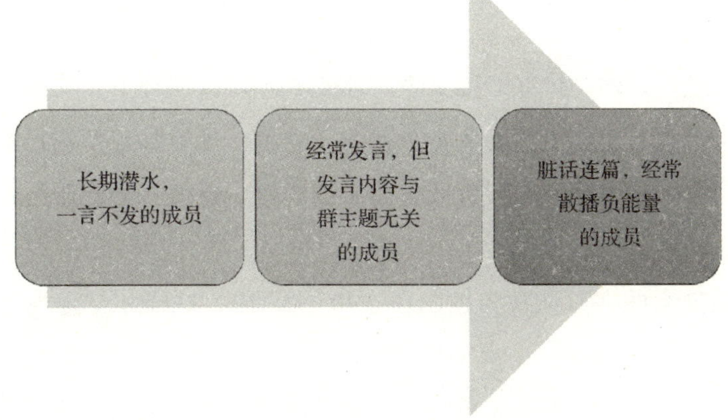

图 4-1 无效成员的种类

7. 激发群兴趣

所谓激发群兴趣，就是用某件事来激起群成员的兴趣。这是一个强调眼球经济的时代，因而做任何事情都讲究吸睛效果。微信群在运营时，也可以通过创造噱头来吸引群成员的关注目光和讨论兴趣，从而提升微信群的活跃度。例如，通过群内的数个成员（也可以是小号），发出一些类似“现在的人怎么这样!”“群主的笑话太逗了，不行，我要再笑五百年!”的信息。这种类型的信息较为突兀和夸张，又带有一定的神秘性和趣味性，很容易吸引群成员的关注兴趣，增强群内的交流互动性，提升整个群的活跃度。

4.1.2 微信朋友圈

利用微信朋友圈，也可以达到很好的引流效果。朋友圈引流要从 4 个方面入手，我们一起来了解一下吧。

1. 个人标签

个人标签写得好，不仅可以吸引大家的目光，还能为公众号带来更加广泛的关注机会。个人标签设置讲究 4 个原则。

（1）新奇：个人标签要足够新奇，才能吸引广大粉丝的关注。如某卖拐公众号运营者将个人标签设置成“打狗棒集中营”，就吸引了众多粉丝。

（2）关注：关注就是标签要涉及大众关注的话题，如“房价涨、食品涨，就是工资不肯涨”这样大众喜闻乐见的内容。

（3）夸张：标签设置要相对夸张一些，可以选择当前的网络常用语。这样不仅能吸引粉丝，还能拉近与粉丝之间的距离。

（4）配合：个人标签与公众号的名字和头像都要互相匹配，这样才不会显得突兀生硬。

2. 产品文案

要想利用朋友圈进行营销，做好产品文案工作是必不可少的环节。文案做得好，不仅可以引导潜在客户产生购买行为，还能创造有利的外部售卖环境。那么如何撰写产品文案呢？

（1）主题：产品文案的主题一定要鲜明突出，让粉丝一看就心知肚明。在撰写主题时，可以使用一定的强化符号。

（2）字数：产品文案的字数通常要控制在 140 字之内，这样才符合当今大众碎片化的阅读习惯。

（3）内容：产品文案内容要用最简单精练的短语将产品特性表达出来，同时要注意留一点讨论空间给粉丝，这样更容易产生传播效果。

3. 图片发送

很多运营者都喜欢在朋友圈刷图，而且这些图不是显示不清就是过于夸张，很容易让好友产生误解，从而对产品有所质疑，最终加以屏蔽。那么在朋友圈发送图片应该注意什么呢？

（1）频率：图片发送的频率一定要适当，而不是越多越好。通常一天发送 5 条左右的图片信息即可，发送太多会引起好友反感，忽多忽少也容易让好友生厌，所以一定要把握好频率，做到适时适当发送。

（2）清晰度：选择的图片一定要有较高的清晰度和辨识度，这样才能给好友留下较好的印象。产品的图片足够清晰才更容易让好友了解产品，从而产生购买欲望；相反，如果图片较为模糊，好友就会觉得你是在掩盖什么内容，从而产生不安全感，即便有意购买也会选择放弃。

4. 互动交心

所谓朋友圈，就是朋友们一起建立起来的圈子，所以少不了沟通和互动，这也是微信公众平台的本质所在。只要进行关注，彼此之间就可以建立起朋友关系，进而增强信任感。有了信任，好友才会放心购买我们的产品。为了不辜负好友的信任，我们会更加注重产品和服务的质量，更加致力于满足好友的需求，以建立起长足、稳定的发展关系。

平时可以多与朋友圈中的好友进行互动，探讨大家感兴趣的话题以引起更加广泛的关注和传播。这样不仅可以拉近彼此之间的距离，还能为公众号进行免费宣传。除此之外，平时还可以通过私聊和点赞来与好友建立稳固而友好的关系。这样做活动时就会更有针对性，宣传推广效果也会更加明显。

4.1.3 【扫一扫】

随着新媒体营销的兴起，二维码逐渐走进人们的生活，成为众多公众号运营者吸粉、涨粉的

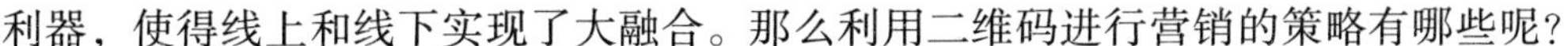

利器，使得线上和线下实现了大融合。那么利用二维码进行营销的策略有哪些呢？

1. 嵌入广告

所谓嵌入广告，就是将二维码嵌入广告设计当中。如美国著名连锁女性成衣零售店维多利亚的秘密，在做户外广告时就将二维码置入模特海报上，并且覆盖于模特的胸部，还加上充满诱惑的广告文案“Reveal Lily's secret（揭露莉莉的秘密）”，让客户迫不及待想要拿出手机来扫码，一窥莉莉的秘密到底是什么。而只要扫码的客户，就会看到维多利亚性感无比的秘密内衣。这种将二维码嵌入广告中的方式不仅可以提高广告价值，也可以为公众号引来数不尽的流量。

2. 连接平台

连接平台就是通过扫描二维码可以直接进入品牌宣传平台。在这里客户可以了解商品的各种信息，实现线上任性购买消费，非常方便。其实，二维码推广不一定非要设计活动，在地铁、公交或火车通道上就可以打上二维码广告，乘客在漫长的旅途中难免会觉得无聊，这时很容易在通道走动，因此各种交通工具的通道便成为二维码宣传的好市场。一旦有乘客扫描了你的二维码，那肯定是对产品有一定的兴趣，所以二维码一定要对接产品信息和购物流程，间接引导客户购买。

类似的案例较为典型的就是韩国地铁站，Tesco 在地铁站设置了一个虚拟店面，当客户在等地铁时就可以通过扫码来进行购物，非常方便。

需要注意的是，引导客户购买的过程不能过于复杂，引导用户购买的产品也最好是可以很方便就能实现在线提供，如家居、衣物和零售、儿童用品等。这样，就可以充分利用“通道时间”来促进客户实施购买行为，并顺利达成交易。

3. 连接视频

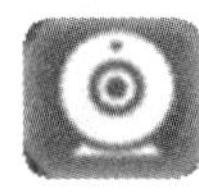

将二维码变成一个多媒体，只要扫码就可以了解产品的视频介绍，或者各种有趣的内容。例如，想要了解火灾报道时，只要扫码就可以观看现场视频等，从而引来粉丝的围观。

4. 线下活动

二维码因为需要介质推广，所以主要应用于线下。针对这一特点策划线下活动，会引来极高的流量。以宝马的 MINI 为例，为了宣传其第一款 SUV 车型 COUNTRYMAN 的上市，宝马公司在英国街头掀起了一场寻找 mini cooper 的活动。活动开始前，相关工作人员向大家宣布，在规定的时间将有一辆车身印有二维码的全新 MINI COUNTRYMAN 行驶在街头，届时第一个扫描车身上二维码并完成相关指定操作的人将拥有这辆全新的 MINI COUNTRYMAN。这一活动一经宣布就引起了轩然大波，还未正式开始就赚足了人气，使得 SUV 车型 COUNTRYMAN 的上市饱受关注。

5. 视觉营销

二维码包装策略其实属于一种视觉营销，即通过改变二维码的外部包装设计来吸引客户的观赏，同时促使大家扫码。二维码并不一定非得是黑白相间，还可以通过视觉设计并结合产品内容和品牌元素来提高其可塑性。这样不仅可以使二维码本身生动形象，还能提高辨识度，让粉丝一眼就能认出品牌，从而实现视觉性营销。

利用二维码进行营销时，除了以上方法之外，还要了解客户真正的需求，只有满足了客户的需求，才能真正提起他们的兴趣。与此同时，还要直击客户痛点，并针对性地给出有效的解决方法、提供相关服务。如 Denver 国际机场就抓住了客户旅途等待无聊的痛点，只要扫描二维码就可以下载游戏或免费小说，直接解决了客户的烦恼。如今二维码对于大部分人来说都并不陌生，大家只要用手机扫一扫就可以得到很多优惠活动和打折信息。因此，利用二维码进行推广已成为各大企业不可或缺的有力武器。

4.1.4 【摇一摇】

作为微信中一款有趣的小功能，摇一摇因为其不确定性而吸引了大批客户的关注。客户只要摇动自己的手机就可以匹配到同样在摇手机的人，而这个人可能就在我们身边，也可能离我们十万八千里。正是这样的不确定性激起了大家的好奇心，也为公众号运营者带来了不小的商机。这一节我们简单了解一下微信公众号如何利用摇一摇进行推广。

1. 创意

公众号可以利用摇一摇进行活动推广，但一定要注重活动的创意性，由于摇一摇本身就带有游戏意味，所以越有创意的活动客户的参与度就越高；而参与的人就多，公众号推广的效果自然也就会越好。

2. 价值

活动要有一定的价值性，除了好玩吸引人之外，还要让客户看到参与带来的“好处”。在设置活动内容时，可以添加促销、打折和会员卡等优惠信息；同时还可以设置小礼品发放，只要客户摇一摇就有机会摇出“好处”。这样就很容易吸引更多的客户前来，对于产品的曝光率来说也有一定的促进作用。

4.1.5 【漂流瓶】

微信中的漂流瓶功能没有地域限制，可以将全国各地的人们联系在一起，因此成为公众号推广引流的利器。利用漂流瓶可以免费打广告，而且这种广告可以传到全国各地，让产品的知名度得到有效提高。那么具体该如何利用漂流瓶来进行引流呢？

1. 内容直击需求

在利用漂流瓶推广产品时，信息内容一定要直击客户的需求，让客户觉得“有利可图”，这样才能使推广有意义。当然，还可以在设置产品信息时，将产品的优势和特点凸显出来，同时附上“关注即赠好礼”等较为吸引人的信息，以达到推广增粉的目的。

2. 发送语音信息

漂流瓶的内容不仅可以是文字，还可以是语音。语音能给人带来亲切感，而且大部分人相对于阅读文字来讲更愿意收听语音。所以，发送语音可以提高信息的阅读率和产品的曝光度。

3. 进行趣味互动

由于不受地域限制，因而漂流瓶在做活动宣传时可以增加一些互动性和趣味性内容。这样可以将活动宣传到全国各地，在加大宣传力度的同时提高品牌认知度。但需要注意一点，漂流瓶每天的发放数量是有限的，因此建议大家修改瓶子的参数以增加瓶子被捞到的机会。

4.1.6 【附近的人】

作为一款社交工具，微信“附近的人”功能吸引了很多客户。其 LBS 定位服务不仅可以锁定客户的地理位置，还可以定位周边的人，为商家带来极大的便利。接下来我们将介绍如何利用“附近的人”达到引流的效果。

1. 利用签名栏

“附近的人”有签名栏，企业可以利用这个区域将产品优势特点及优惠活动信息展示出来，从而达到免费推广的效果。需要提醒大家注意的是，签名栏不能超过 30 个字，所以一定要分析周全后再进行设计撰写。

2. 适时定位

当利用“附近的人”进行推广时，一定要选择客户活跃度高的时间进行广撒网，这样才更容易找到精准客户。以餐厅为例，午饭和晚饭点是人们活跃度最高的时间，所以可以选择在这个时间段利用“附近的人”推送美食信息以及折扣活动。这样不仅可以得到一大批客户的关注，而且折扣信息也可以帮助不少选择困难症客户做出决定，提高其上门用餐的概率。

3. 游击战巧推广

所谓游击战推广，就是在人群密集的地方打开“附近的人”，然后转移到另一个人群密集的地方；虽然位置发生了移动，但自己的信息仍然会在之前的地方保留一段时间。不仅如此，还可以利用多个手机小号到饭店、商场和超市等人群密集的地方定位传播信息。

【案例分析】

招商银行的漂流瓶营销活动

招商银行曾经将慈善活动和漂流瓶相结合，成功地做成了一次营销活动。只要客户收到招商银行所发出的瓶子，进而关注公众号，就可以参加“小积分，微慈善”的平台爱心活动，为自闭症儿童献出自己的爱心。而为了使这次活动影响更加深刻，招商银行还将语音游戏注入漂流瓶，不仅提高了客户的参与积极性，还进一步提高了公众号粉丝的黏度，为自己树立起积极正面的形象，也为产品的推广做好了充分的基础准备。

案例分析：

招商银行的这次活动主题在于爱心和互动，虽然并不是直接推出自身产品，但“小积分”也是产品的一种展示形式，不仅使自己的形象正面积极，语音功能也在无形中增强了亲和力，为产品的推广打下了坚实的基础。

【实战训练】

1. 你认为微信群营销应该注意哪些方面？
2. 怎样防止微信朋友圈被屏蔽？
3. 你认为在进行产品说明时，配图效果好还是发小视频效果好？
4. 你试过利用微信“摇一摇”进行引流吗？效果如何？
5. 你认为微信漂流瓶的内容写作应该注意什么？
6. 利用“附近的人”进行引流时有什么技巧？

4.2 微信公众号营销

微信公众平台是腾讯以微信为基础而增加的功能平台，无论是个人还是企业都可以在微信公众平台上申请一个微信公众号，以此来与一定的群体进行文字、图片或者语音等方面的互动和沟通。那么企业如何利用微信公众号进行营销呢？

4.2.1 公众号定位

公众号定位包括盈利模式的定位、目标人群的定位、核心产品的定位等。

1. 盈利模式的定位

公众号的盈利模式包括以下几种（见图 4-2）。

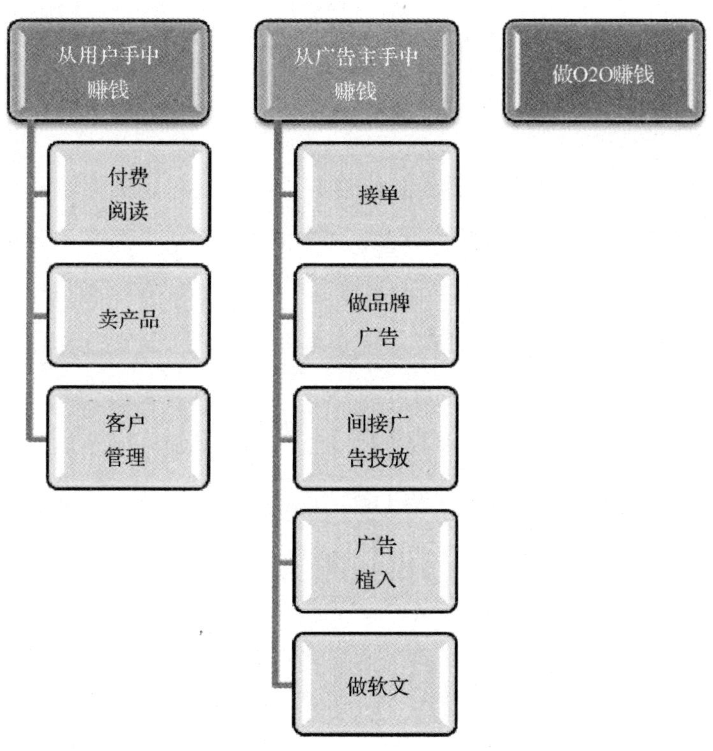

图 4-2 公众号的盈利模式

（1）从客户手中赚钱

付费阅读：如今想要依靠简单粗暴的方式留住客户是非常困难的，即便真的留下了也是不会点开来阅读的“僵尸粉”。所以，提高内容质量就变得越来越重要。企业可以通过创办会员的模式来营造自己的媒体圈，并通过付费阅读的方式来赚取利益。

卖产品：要想赚钱，最直接的方法就是卖产品。要想卖得好就得想办法黏住客户，形成反复营销，进而从同一个客户身上获得最大化的利益。

客户管理：做客户看似与盈利无关，其实却是一种间接的盈利方式。以淘宝为例，淘宝和微信看似毫无瓜葛，但淘宝的沟通工具并不常用，利用微信与客户沟通，容易创建好口碑，最新活动信息也容易传达给消费者。这样客户管理做好了，就容易给自己带来更多的流量，有了流量才能有更高的盈利额。

（2）从广告主手中赚钱

接单：如果你的公众号已经有了一定的名气，那么自然会有商家主动找上门来，这样接单盈利就会简单很多。但如果名气不够的话，就要自己进行推销了。

做品牌广告：做品牌广告需要一定的粉丝数和品牌影响力，可以直接联系广告主，并在文章最后添加图和链接。

间接广告投放：与直接把广告投放在微信官方编辑后台不同，间接广告投放是要将客户转到第三方页面上。微信在其中充当的是浏览器的角色，所以任何 WAP 页面做的广告都可以实现。但需要注意的是，这样的第三方跳转很容易损失客户，而且广告不恰当的话还会对客户体验造成影响。

广告植入：当公众号有了一定的规模和粉丝量，同时得到客户的高度认可后，就可以在推送有动画、视频和声音等的富媒体内容时植入广告，通过直接将某个品牌的名字或广告词植入内容中来获得盈利。

做软文：很多公司需要做 PR，这时软文就变得非常重要，可以用来为创业公司或 App 做宣传。

（3）做 O2O 赚钱

如今微信在大力推广 O2O，很多初创型 O2O 平台企业为了让客户下单咨询方便而直接将公众号做成了 App。

地方微信公众号的盈利方式相对多一点，可以将自定义菜单上的文字链接位置卖给商家，也可以在内容的底部投放贴片广告，还可以利用关键字回复卖广告。总之，公众号的盈利模式多种多样，而真正能打动客户的通常是核心产品。所以只要先把产品做好，之后的盈利模式将会水到渠成。

2. 目标人群的定位

在做人群定位前我们首先要清楚自己的产品和服务有哪些，或者说清楚自己将来会使用什么样的产品和服务来进行营销。这样才能根据自己的产品和服务来瞄准目标客户群结构，进而从中筛选出产品和服务的受众群体范围。

用公众号做人群定位，就是要找出同一类型的人群，而这一类型的人群将对公众号所推送的内容资讯喜闻乐见。需要注意的是，在锁定人群范围时一定不要过于宽泛，即范围越窄越好。

这里，我们以公众号 jyjc666“精英阶层”为例。该公众号的定位人群是老板、金领和高管等社会中坚和精英阶层，所以其内容也就偏重于企业管理、商业趋势和高端消费等方向，并以这个阶层的人的生活和工作重心为指向，想方设法吸引其关注来获得日后的盈利。

需要注意的是，如果产品和服务只针对高管，那么“精英阶层”的定位则明显过于宽泛。不如直接换为“高管参与”更精准一些，内容方面则以企业管理等为主，这样更容易吸引目标人群。

总之，在定位人群时要与自己的产品和服务相匹配，并推送与之相关的内容，这样才能吸引到精准客户的关注。

精英阶层的定位法则

其实很多公众号都是为了做营销，因此做好人群定位是一件至关重要的事情。针对自己的产品和服务找到合适的目标受众，就是人群定位。在这一点上，《精英阶层》（公众号：jyjc666）就做得十分到位。《精英阶层》运营者将公众号人群定位在金领、老板和高管中，这些人个个都是精英，是社会的中坚力量。因此该公众号在内容的推送上就根据人群定位专注于企业管理、投资创业、商业趋势、高端消费和圈层生活等方面，一切以定位人群的阶层生活为导向，不仅吸引到了该阶层相关人士的广泛关注，同时也获得了自己想要的利益与追求。

3. 核心产品的定位

核心产品可以分为以下 3 类。

（1）流量产品：所谓流量产品，顾名思义就是专门用来吸引流量而设计的产品，这样的产品价格通常都很低。需要注意的是，流量产品也可以是优秀的文章。总之，只要是能成功吸引到流量的产品都可以作为流量产品。

（2）黏性产品：黏性产品就是可以使消费者持续不断购买和使用的产品，能够增强客户对公众号平台的黏性和信任度。这样的产品既可以是客户最常用的产品，同时也可以是较为实用的文章和功能，如查询违章记录等功能。

（3）获利产品：当客户对我们的公众号平台有了一定的信任度后，就可以让信任变现，推出获利产品。换句话说，获利产品就是能够变现的产品。微信采用的是 C2B 运营模式，这就决定了公众号运营的基本节奏（见图 4-3）。

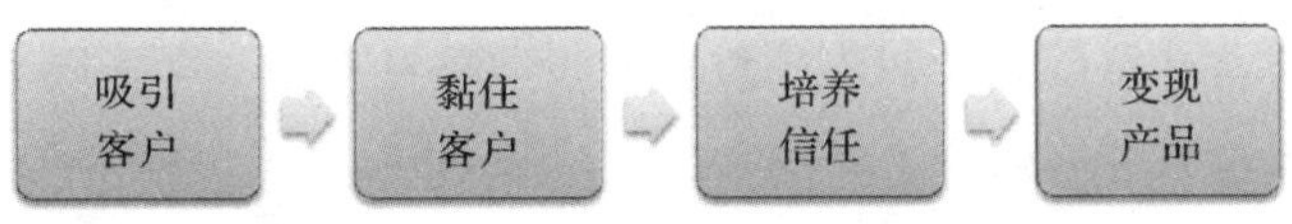

图 4-3 公众号运营的基本节奏

4.2.2 名字的起法

微信公众账号的名号包括名字和账号。对于一个公众账号来说，不管内容做得有多好、服务做得有多到位，没有起好名字就很难得到关注，而没有关注度就很难实现其自身价值。加之公众账号的名字和账号设置只有一次机会，因此掌握一定的起名技巧就变得尤为重要。这一节我们就为大家讲述微信公众号的起名技巧。

1. 直呼其名法

具体操作：将微信公众号的名字直接起为该企业或服务和产品的名字。

特点：更直接、更简单易懂，也更方便客户搜索。

适用范围：有一定知名度的企业或产品指向性极强的客户。

如“杜蕾斯”“天猫”等公众号几乎人人都知道，因此想要关注其公众号的客户通常会直接搜索它们的名字。如果这些商家的公众号不是自己的“本名”，反而会让自己损失一大批潜在客户。

2. 功能展示法

具体操作：将微信公众号的服务和用途展现出来。

作用：更方便客户对平台的了解。

说明：大部分客户通常都会根据自己的需求进行搜索，因此寻找商家肯定是奔着他们产品的功能这一点出发。

例如，客户想要出去旅游，肯定会搜索关键词“旅游”；出门想要住酒店，肯定也会搜索“酒店”这一关键词。这方面的例子有：“酒店助手”“欣欣旅游”等公众号。

3. 形象法

具体操作：通过拟人或比喻的手法将具体和抽象的事物形象化。

作用：利用微信公众号将企业的形象化或产品服务的形象化展示出来。

以“篮球公园”为例，它是篮球体育资讯的公众号，就是利用比喻的手法将体育资讯比喻为公园，既形象又合理，因而受到了广大客户的追捧。类似的公众号还有“电影工厂”，指的是可以帮助客户找到自己最想看的电影等。

4. 垂直行业法

具体操作：将微信公众号的名字起为“行业名+用途”。

作用：更易吸收大量目标客户群。

以公众号“百度电影”为例。微信公众号在起名字前除了要清楚自己的主体人物是谁之外，还要明白自己的公众号面对的是什么行业。百度旗下的分类很多，因此有了“电影”做向导，就可以吸收大量精准的客户群了。

5. 提问法

具体操作：通过提问的方法起名。

作用：可以引起客户的兴趣。

所提问的内容一定要切中要害。

例如，“今晚看啥”公众号，就很容易引起客户的认同和兴趣。他们会想：“是呀，今晚看啥呀？”因此会很容易关注这一公众号。同样还有公众号“什么能赚钱”，这年头谁不想赚钱？用户一下子就产生了兴趣，肯定会迫不及待地先要看看到底什么能赚钱，因此也会关注该公众号。

6. 另类法

具体操作：本着新鲜、有趣、好玩的形式为公众号起名。

适用范围：搞笑、娱乐类公众号。

“小道消息”和“冷笑话精选”公众号，一看名字就能猜到内容肯定是搞笑、新鲜又有趣的。这类起名方法较为灵活，但目的也是吸引客户的眼球，因此越另类越好。

7. 百科法

具体操作：所取的公众号名字包含的范围比较广。

用百科法取名字时最好是选择大众熟知的词语，这样还能增加通过搜索获得粉丝的机会。

例如，“时尚生活小百科”“糗事百科”和“健康生活百科”等公众号其形式通常是一个方向加上“百科”或“小百科”字样。这一方向的范围比较广泛，因此抢先取到名字会更易获得大量粉丝。

除以上方法之外，还有很多其他的起名方法。例如，企业可以从我们的生活和地域等大家比较熟悉的角度着手，同时还可以参考百度指数来观察人们对某件事情或某一问题的关注度等。与此同时，企业的名字还可以使用“区域+行业”的形式，如“西安汽车美容”“杭州房产”等。

掌握了起名字的技巧，那么微信账号 ID 又该如何设置呢？通常微信账号 ID 遵循以下几种设置规则（见表 4-1），下面我们就一起来看看吧！

表 4-1 微信账号 ID 的设置规则

类型	举例
全拼	深夜发媸：shenyefachi
全拼+英文	一条：yitiaotv

续表

类型	举例
全拼+数字	行动派 Dreamlist：xingdongpai77
全拼+设立年份	利维坦：liweitan2014
拼音首字母+英文	毒舌电影：dsmovie
拼音首字母+数字	印象笔记：yxbj100
拼音首字母+设立年份	创意文字坊：cywzf2013
一半拼音+一半首字母	吴晓波频道：wuxiaobopd
拼音解意	十点读书：duhaoshu
谐音拼音	傅踢踢：futeetee
英文	为你读诗：thepoemforyou
英文+设立年份	单向街书店：onewaystreet2013
英文解意	文案摇滚帮：ideakick
网址	虎嗅：huxiu_com
同微信号	BetterRead：BetterRead
模仿苹果产品（iPhone、iPad）	共识网：igongshi
采用格式：iam×××（我是某某某）	NewbeeRen：iamnewbeeren
归属方+全拼	鬼脚七：taobaoguijiaoqi
嵌入公司或产品名	孕峰：yunkejiApp
产品+名人	ONE·文艺生活：one_hanhan
搞怪	不正常人类研究中心：hahabzc
个性	乌云装扮者：daclods

为公众号起名，以下两种心态要忌讳。

（1）我很牛，我很重要

用自己的名字或名字的部分作公众号的开头只适合名人，因为他们的名字已与某个行业建立了联系。如高晓松与《晓松奇谈》，客户一看就知道该公众号是什么内容。但大部分客户根本不知道你想要卖什么，如果一个姓吕的人做自媒体，名字叫作“吕媒”，那就是任性自封。虽然自我感觉很重要，但得让客户明白。

（2）我觉得好就是真的好

有些人为公众号起名字时，自己感觉好就会想当然地认为客户们也都感觉很好，这样的人属于自嗨型。自嗨型的人分为以下 3 种情况。

① 想当然地认为客户跟自己的想法一样。

② 利用形而上的意义将公众号名字往高拔，如卖体育用品的公众号起名为“健康长寿”。

③ 随随便便就把营业范围扩大了，如王麻子卖剪刀，本来简简单单的“王麻子剪刀”这个名字就很好，非要改成“王麻子铁制品”或者“王麻子裁剪工具”等。

抱着自嗨的心态给公众号起名会让客户犯晕，又怎么可能去关注你的公众号？

通过学习以上微信公众号的起名方法，相信你一定能为公众号起一个出色的名字了。

4.2.3 标题的设立

俗话说“题好一半文”，好的标题是公众号传播的重要前提。那么，如何才能写好公众号内容的标题呢？

1. 抓住粉丝痛点

抓住粉丝痛点就是要把粉丝最关心的要点体现在内容的标题上。如“正和岛”公众号上所发表的一篇文章，标题是：

如果你读不完《失控》，至少可以读完这 50 条书摘|收藏吧（2 天，阅读 1 万+）

作为 2014 年互联网上的经典读物，《失控》最大的特点就是厚重，导致大多数人很难看完，所以找出书中的精华书摘是一个很好的分享角度。那么接下来就是找出粉丝的痛点了。

痛点一：《失控》，核心粉丝基本上都知道这本书。

痛点二：厚重看不完，多数核心粉丝均承认没有读完这本书。

痛点三：50 条书摘，阅读压力马上减小。

痛点四：收藏吧，担心还是读不完，推波助澜一把，让粉丝收藏。

只要把痛点提炼出来，那么写标题相对就变得简单多了。

2. 体现生活场景

越贴近生活场景，就越容易受到粉丝的关注。其实日常生活中的场景有很多：出门挤公交、路上打车、上班加班、租房买房、家里逼婚、享受懒觉……只要标题体现的是日常场景，那么被点开的概率就会大大增加。如下面这篇文章标题：

做 PPT 时，如何突出中文字体的美感与力量（1 天，阅读 1000+）

这个标题体现的就是常见的基层员工的工作场景：做总结、做方案、做展示，都离不开做 PPT。当然，这篇文章还有其他的标题：

如何突出文字的力量

很明显场景被弱化，读者看后不知道你所要表达的“文字的力量”是中文文字的力量还是英文文字的力量。二者在设计上的难易程度也是有差距的，倒不如像第一个标题那样直接表达出是中文字体，而优秀的PPT更是集中文字体、美感和力量于一体。所以说，体现生活场景是极其重要的。

3. 找出关键矛盾

前阿里巴巴高管鬼脚七曾经写过一篇文章，标题是：

打车软件和出租车司机的命运

有专业人士读过这篇文章之后，提炼出了文章的关键信息：前阿里高管、打车软件火拼、最终受害者，并给出了新的文章标题：

前阿里高管解密：打车软件火拼，最终受害者是出租司机……（2天，阅读4000+）

很明显，知道阿里巴巴的人要多过知道鬼脚七的人。所以将“前阿里高管”提炼出来更具权威性，而粉丝通常会对“受害者”这样的字眼比较敏感，关注度自然也就比较高。所以找到关键矛盾形成冲突，一个标题就拟好了。看到“前阿里高管解密：打车软件火拼，最终受害者是出租司机……”这样的标题，粉丝就会产生疑问：打车软件火拼，怎么受害者反倒成了出租司机？难道他们不是最大的受益者吗？带着这样的疑问，还怕粉丝不会点开你的文章吗？

4. 激起粉丝欲望

写标题时，切记不要将全部关键点暴露给读者，否则知道了结果谁还愿意点开文章读下去。以下面的标题为例：

王兴：互联网会根本改变所有行业，但不一定发生在最底层

王兴：我最近正在读1本书，思考3个问题……（1天，阅读1000+）

同样的文章，两个不同的标题，点开第二个标题的粉丝数量就会更多一些，因为第二个标题贴近我们的日常生活。读者看到后就会想：王兴到底在思考什么问题呢？于是会禁不住地点开。总之，在标题中体现出人们关注的内容，就会激起读者的好奇心，从而在文章内容中寻找答案。

5. 提高识别度

我们首先要对知名度和识别度做一下区别：知名度是指人们都知道的人物或者企业，如柳传志、阿里巴巴等；而识别度指的是人们听到某个名字后就会产生标签印象，如《罗辑思维》和罗振宇等。

因此，公众号标题里一定要有鲜明的识别度，用标签和个性化内容代替传统的名人效应。例如，谷歌创始人拉里·佩奇，名声足够大；但对于中国人来说，“谷歌创始人”要比“拉里·佩奇”更具识别度。同样的道理，“徐志摩前妻”也比“张幼仪”更有识别度。我们一起来看一下相关的标题。

谷歌创始人“公开羞辱”员工后的第二天……（1天，阅读1000+）

徐志摩前妻：身为备胎，却活出女神范儿……（2天，阅读6000+）

6. 引起粉丝共鸣

与粉丝扯上关系，让粉丝感同身受，觉得这篇文章就是自己的缩影、就是写给自己的，这样的标题才能真正虏获粉丝的心。请看下面的例子。

我还年轻，让我再穷一会儿……

这个标题带着自嘲的口气，戳中了无数青春奋斗的心，不仅体现了贫穷但闪光，同时也是对心灵的一种慰藉。

你有没有玩儿命爱过一个姑娘?

这个标题戳中了所有男士的心，谁没有过青春，谁没有过回忆，小小的提问激起了无数人的感想、触动了无数人的内心。

7. 文字干净利索

做到文字干净利索虽然不需要什么技术，但对于语感的要求却很高，也没有绝对的规律可循。我们先来看一个例子。

万能的面馆，是如何用一条微博引爆传播的?

万能面馆，如何用一条微博引爆传播?

第二句只删了三个字，读起来就顺畅多了。

当我们想要加强语气时，还可以使用反问或设问语气。总之，语言既是一门技术又是一门艺术，我们只有抱着严谨的态度多多观察、模仿和学习，才能写出真正发人深省的标题和文章。

4.2.4 学会做原创

众所周知，原创内容更有价值和生命力。要想做好原创，必须具备较深的文字功底和表达能力，同时还要对行业背景有较深的理解。那么做原创内容有什么技巧呢?

1. 提炼最新资讯

由于通信技术的发展，信息呈现出爆炸的状态，要想获得最新资讯，就要时常关注网络新闻。移动互联网的发展，使得人们对于信息的依赖和渴望逐渐加深。因此，在写原创内容时一定要紧跟时代潮流，关注各类门户网站及自媒体账号的最新资讯，争取在第一时间写出结合自己理解和评论的文章，从资讯背后深层挖掘，让客户看到更具价值的内容。任何行业都有新资讯的产生，所以素材来源不会受到限制。如果写不出深层理解，还可以从小角度着手，将自己的观点表达出来。

2. 进行稿件采编

过去，人们常常从报纸和杂志上获取相关资讯。而在移动互联网时代，各种信息在网上随处可见，报纸杂志逐渐在被各种新媒体所取代。即便如此，要想将自己的内容写得更有深度，依靠整理网络资讯和别人的观点终究缺少认识上的广度和宽度，因而采编仍旧是必不可少的环节。当然，如果有条件的话可以直接邀约专业人士写稿，但成本就相对高一些。我们可以采访一些相关人士，对他们的想法和观点进行整理，这样写出来的内容深度要比单独查询网上咨询更加丰富。采访的方式其实也是多种多样的，除了可以当面采访外，还可以选择电话、邮件、QQ 等聊天工具进行采访，只要能得到自己想要的内容即可。

3. 做阅读笔记

当我们阅读各类文章时，可以将自己的想法记录下来，同时也可以将自己觉得精彩的内容整理出来，这就是做阅读笔记。做阅读笔记可以让我们对文章的理解更加深入，对所学到的知识掌握得更加透彻，同时也是一个学习资料的积累过程。

对于公众号运营者来说，做阅读笔记本身就是一个体会总结的过程。常做阅读笔记可以积累前人的经验，这对于做原创内容来说具有非常大的意义。从某种程度上说，只要将自己的阅读笔记与原文互相配合关联，一篇好的原创内容就会诞生。

4. 学会借鉴

当文章中的主要观点和技术内容均出自作者本人时，这篇文章就是该作者的原创内容。公众号原创内容同时包括那些部分观点出自他人的文章，这些文章通常是在前人的基础上有所创新，并让自己的素材发挥出一定的作用。换句话说，只要不是大幅篇章的复制粘贴，在借鉴别人素材的基础上，加入自己的观点并进行整合与改进的文章都可以称得上是原创内容。平时在为公众号做原创内容时，我们可以多看一些报纸、杂志以及各种论坛、贴吧和自媒体账号文章，并参考各种“大神”的观点，最后加工汇编成属于自己的新内容。

4.2.5 转载的注意事项

很多公众号因为各种原因难以长期进行原创内容的撰写，所以会转载一些有价值的内容推送给自己的粉丝。但需要提醒大家的是，很多文章内容都是有权限设置的，如果未经允许转载，就属于侵权行为。那么常见的公众号侵权行为都有哪些呢?

1. 未经作者允许就转载

众所周知，那些爆炸性的新闻和消息最能吸引粉丝的注意力，所以一些公众号常常会转载这类文章。殊不知这种未经原创作者允许就擅自转载的行为已侵害到了原创作者的权利，一旦被发现就需要删除文章并发表道歉声明，如果严重的话还要赔偿一定的费用。

2. 稍作修改即当成自己的原创

有的公众号不愿意支付原创稿酬，就将人家的文章稍作修改，如换个名字、截掉一部分内容后当成自己的原创。其实这是一种侵犯原创署名权、修改权和维护文章完整权的行为。

3. 摘取一段文字加感想就是原创

部分公众号看到一篇好的文章，就会从中摘取一段文字并加上自己的感想后称为原创。其实没有经过作者允许就汇编、改编或者摘选文章内容的行为，侵犯了原创作者的汇编权、改编权和维护作品完整权。

4. 转载不允许转载的内容

有些原创内容会标明不允许转载，但依然有公众号装作没看见或者利用某些技术手段绕开这种限制继续转载，这种行为侵犯了原创的著作权。

5. 写出作者和来源但不支付稿费

要想转载文章，既要经过作者的允许，也要支付一定的稿酬。只写明作者和来源而逃避稿酬，也侵犯了作者的著作权。

作为公众号运营者，一定要熟知转载文章的相关规定，而不要知法犯法得不偿失。下面，我们一起来了解一下相关的法律法规。

《关于规范网络转载版权秩序的通知》规定：

（1）互联网媒体转载他人作品，应当遵守著作权法律法规的相关规定，必须经过著作权人许可并支付报酬，同时应当指明作者姓名、作品名称及作品来源。法律、法规另有规定的除外。

（2）互联网媒体转载他人作品，不得对作品内容进行实质性修改；对标题和内容做文字性修改和删节的，不得歪曲篡改标题和作品的原意。

（3）报刊单位与互联网媒体、互联网媒体之间相互转载已经发表的作品，应当经过著作权人许可并支付报酬。

4.2.6 制定营销策略

在当下的营销活动中，制定营销策略对企业的生存发展具有重要的作用。公众号运营者要想提高企业竞争力，更好地满足消费者需求，做好公众号营销策略是非常必要的。

1. 前期

前期一定要做好认证工作，最好是申请订阅号，待发展到一定程度之后再考虑服务号。除此之外，还要注意以下几点。

（1）不要一上来就打广告，这样容易降低粉丝的黏性。

（2）定时发朋友圈，以此来获得大量转发机会。

（3）定期举行活动，一个月最少三次，并与商家商量好。常见的活动有“转发即送××”“关注就送××”等。

（4）做好粉丝管理，可以按照地区来划分，也可以按照其他标准来划分。

（5）收集客户资料，据此策划活动。注意客户的手机就是资料来源，可以设计这样的活动：“关注微信，回复您的姓名和手机号即可获得精美礼品一份。”

2. 中期

中期还是要关注客户资料的收集，当然也离不开活动的策划。下面我们举一些常见的案例。

（1）化妆品店可以要求客户关注微信号后，回复肌肤类别、姓名、年龄、性别、手机号等信息发放赠品。

（2）童装店可以要求客户回复孩子的年龄、身高、姓名、性别、父母手机号等信息发放赠品。

所有营销活动都要根据自己对结果的设定来进行策划，同时还要对结果进行预估。当然也少不了一定的投入，毕竟没有付出是不可能会有回报的。

在公众号运营期间，一定要学会试探客户。首先，要掌握一定的广告发送时间和技巧，这点在后面相关章节会提到。接着，还要注意内容的撰写，注重真实性和专业性，并在结尾处鼓励大家积极回应和评价。最后，根据所收集的客户评论来对粉丝进行分类，只要是给予文章好评的客户都是潜在客户，也都是将来广告投放的目标对象。需要注意的是，发送的广告要以客户的兴趣为依据，并为客户设置等级来决定他们的权利，当然权利也要满足带动粉丝加入、客户带动客户的需求。例如，我们可以这样设定：客户 A 如果能够带来客户 B，那么客户 A 就可得到相应等级，每月还可获得相关赠品和商品折扣等。另外，还要注意客服的设定，不要总是设置自动回复，只有专业客服的互动和沟通才能真正打动客户。

3. 后期

后期主要是售后的管理。在客户购买完成后要做好售后的回馈和关注，这样在一定程度上就可以提高转化率。如果条件允许的话，还可以尝试做个 App。

在制定微信营销策略时，只要学会体贴客户、能够真正打动客户、用心去琢磨和研究，终究是会有所收获的。

4.2.7 做好客户分析

客户分析属于公众号后台管理的一个功能。通过客户分析，公众号运营者可以对新增客户、取消关注客户、净增客户、积聚客户、增长来源及客户属性进行观察，以实现更直观的公众号走向。

1. 新增客户

新增客户显示的是近一个月内每日新增的人数，以图表曲线的形式展现，效果更直观，更容易帮助运营者对未来发展趋势做出判断。

2. 取消关注客户

取消关注客户显示的是近期取消关注的人数。当运营者发现大批粉丝取消关注时先不要心慌，很可能是以下两种原因造成的，都属于正常现象。

（1）红包活动或有奖活动过后大批粉丝取消关注。

（2）近期无优质内容推送，经常发广告文案。

如果不存在以上两种情况，但粉丝仍然出现骤降，那么运营者一定要提高警惕，找到掉粉的原因并设法解决，否则长此以往会造成不良的后果。

3. 净增客户

净增客户=新增客户-取消关注客户

公众号运营者要时刻关注净增客户数量，使其保持在正数。一旦净增客户数量为负值，就表明公众号进入了下行状态。

4. 积聚客户

运营者只要登录公众平台，就可以在首页看到积累客户数量；另外，运营者通过观察订阅客户增长曲线图，还可以分析公众号的发展状况。

5. 增长来源

打开新增客户数的下级菜单，运营者就可以观察到客户数量增长的来源，也就是粉丝关注公众号的渠道，具体包括以下几个方面（见图 4-4）。

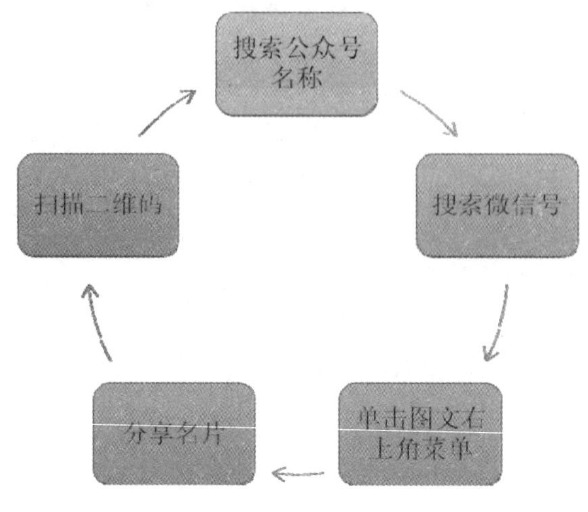

图 4-4 关注公众号的渠道

大部分客户都是通过扫描二维码来关注公众号的，但也有很多客户是通过搜索名称来查找公众号的。如果以上 5 种渠道中某一种是你的公众号粉丝基本上不使用的，那就说明在该渠道上公众号的营销力度还不够，需要加强推广，以达到事半功倍的效果。

6. 客户属性

前面介绍的都是可以观察的数据分析，而客户属性相对来说没有那么直观，但对于公众号运营者来说是十分重要的。客户属性包括客户的性别、语种、地域以及所使用的智能终端类型等，常常以饼状图或柱状图等形式呈现出来，帮助运营者对客户群体进行客观分析，以做出具有价值意义的决策。如果你的公众号北方客户比南方客户多的话，那么在做线下活动时就可以选择在南方举行，虽然从表面上看活动不一定会非常成功，但在该地域造成的影响效果还是非常可观的。

4.2.8 实施管理细则

公众号营销做到一定程度就要注重管理细则的把控，企业则要从多个细节着手实施管理细则。

1. 客户管理

（1）分组：大部分企业公众号都有各种客户群体，包括本单位员工和业务单位客户等，因此运营者可以通过新建分组来管理这类客户。对于个人公众号来说，常见的分组是家人、朋友、同事和同学等，当然同样也可以通过新建分组来进行管理。分组管理之后，就可以根据需求针对性地向某个或某几个群组发送内容了。

（2）添加：客户列表前方都有一个复选框，勾选后就可以实现添加分组管理，将指定客户添加到目标分组中。对于那些新增客户数量较大的公众号来说，添加到分组功能是非常有效和实用的。

（3）搜索：当客户群数量非常多时，要想找到某个客户就会变得非常困难。这时可以利用搜索框进行搜索，只要输入目标客户即可快速定位找到该客户。尤其是对于企业管理来说，这非常方便。

（4）未分组：未分组就是没有分组匹配的选项。其与“添加到”类似，也是通过勾选复选框来将目标客户划分到该选项中。

（5）备注：很多客户的微信昵称都不是其真实名称，所以在管理客户时可以将备注改为真实名称，或者将特定客户修改成更便于自己标记的备注名，这样管理起来就会更加方便。

2. 素材管理

（1）排列方式：素材管理中的所有素材都可以进行排列。排列方式有两种：“多行×多列”和“多行×单列”。

（2）新建：新建图文消息时可以单击图标，然后在图文消息编辑界面编辑公众号内容，这一点类似群发功能。

（3）编辑：想要编辑图文消息时可以单击目标图标直接编辑，也可以在编写好内容的基础上增加或删除内容，同时还可以对内容进行修改。需要注意的是，群发过的内容也可以重新编辑，然后进行二次群发。所以当内容出错时，可以在纠正后重新发送。

（4）删除：删除功能可以删除某些图片或文章等素材，只要单击目标素材即可实现。需要注意的是，公众号运营者是无法删除或撤销收回发送完成的内容的，而只能删除素材库中的内容。但如果没有特殊原因的话，建议不要轻易删除素材内容。

除此之外，我们还可以在导航栏中对上传到公众号的图片、语音和视频等素材进行管理，包括名称的修改、分组的修改及部分素材的删除等。

3. 自动回复

公众号运营者在后台发布信息之后，订阅客户就可以接受和阅读信息内容了，这是一种一对多的自媒体方式。也就是说，运营者需要面对的是千千万万个客户，不可能及时迅速地回复每一个客户的信息，同时也很难第一时间欢迎每一个新加入的客户，这时设置自动回复就变得至关重要。

（1）用计算机登录微信公众号，选择“自动回复”选项（见图 4-5）。

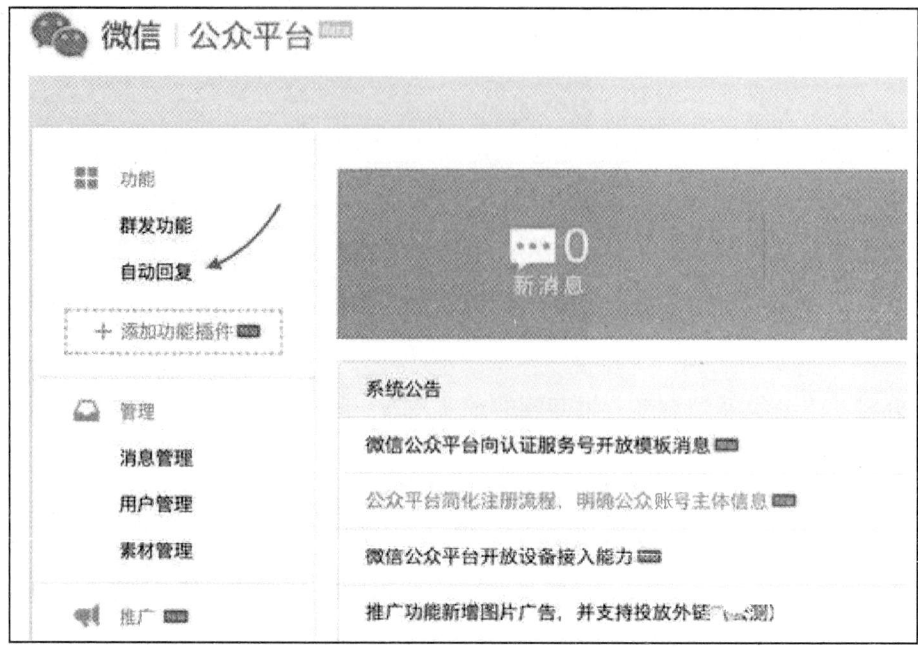

图 4-5　选择“自动回复”选项

（2）在打开的界面中选择“被添加自动回复”，设置一些欢迎性的内容，当客户关注公众号时就会收到这些回复内容。这里我们以“关键词自动回复”为例（见图 4-6）。

图 4-6　设置关键词自动回复

（3）单击“关键词自动回复”后，选择“添加规则”（见图 4-7）。

图 4-7 选择“添加规则”

（4）在规则名中输入好内容之后，单击“添加关键字”（见图 4-8）。

图 4-8 单击“添加关键字”

（5）接着就可以添加多个关键字了，添加完成后单击“确定”按钮即可（见图 4-9）。

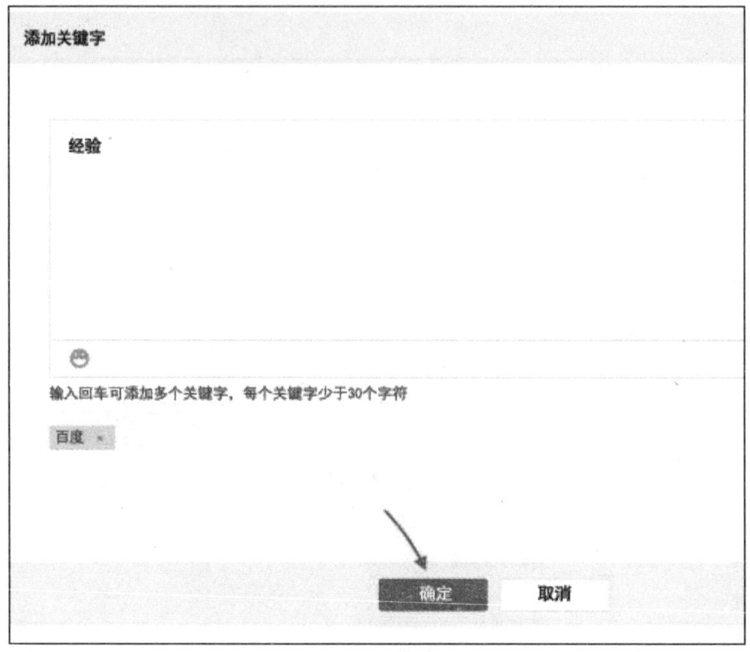

图 4-9　单击“确定”按钮

小米“阿黎笔记”的精彩自动回复

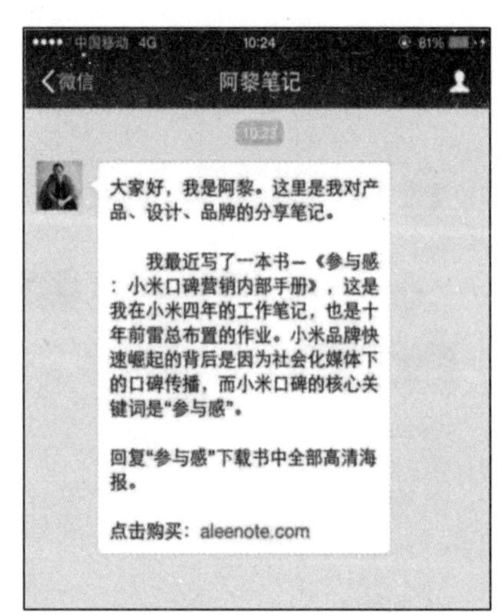

小米自出世以来就因为饥饿营销而赚足了眼球，其销售业绩也是令人生羡。如今随着移动互联网营销趋势的发展，小米开通了微信公众号，客户在其公众号不仅可以预约和购买各种型号的手机，同时还能进行话费的充值和订单的查询。不仅如此，小米的后台客服也受到了大量粉丝的追捧，其一对一回复受到了广大客户的支持和称赞。与此同时，小米营销老大的“阿黎笔记”公众号还精心设计了自动回复，集小米功能、卖书、互动和导流于一体，受到了广大客户的喜爱和赞赏。

4. 申请广告主

广告主功能属于微信公众平台官方的广告系统。广告主功能可以帮助运营者更加精准地向不同年龄、性别和地区的人推广自己的服务，并以此来获得更多的潜在客户。那么如何申请广告主呢？

（1）登录微信公众号后台，单击左侧位置的广告主业务并申请开通（见图 4-10）。

（2）按照提示操作，单击“确认”并选择自己的行业信息，然后单击“提交”等待审核（见图 4-11）。

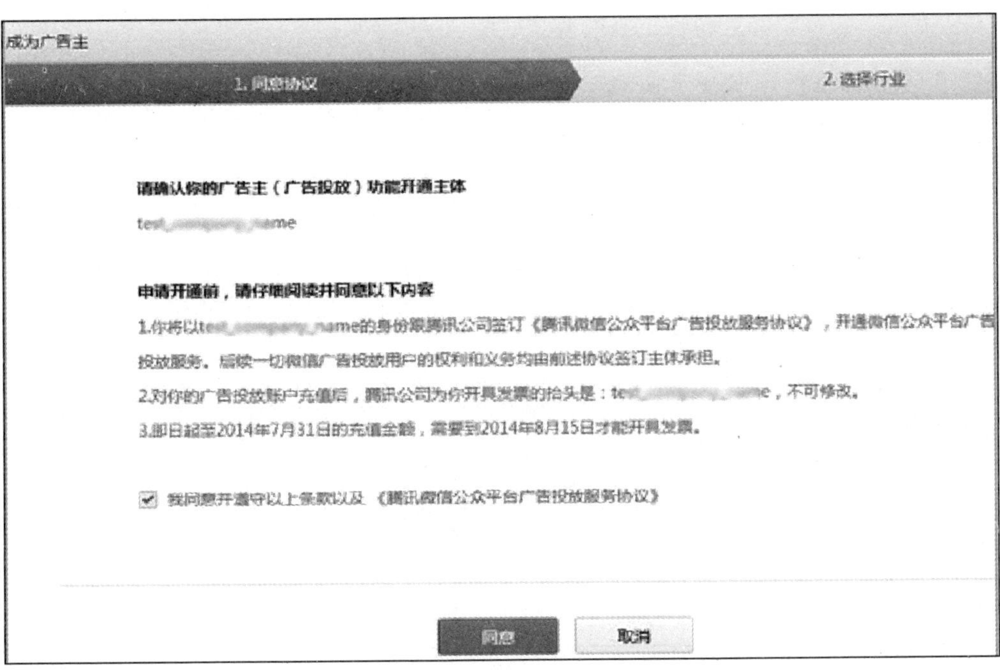

图 4-10　申请开通广告主业务

图 4-11　等待审核

（3）申请成功后，即可登录广告管理页面进行操作（见图 4-12）。

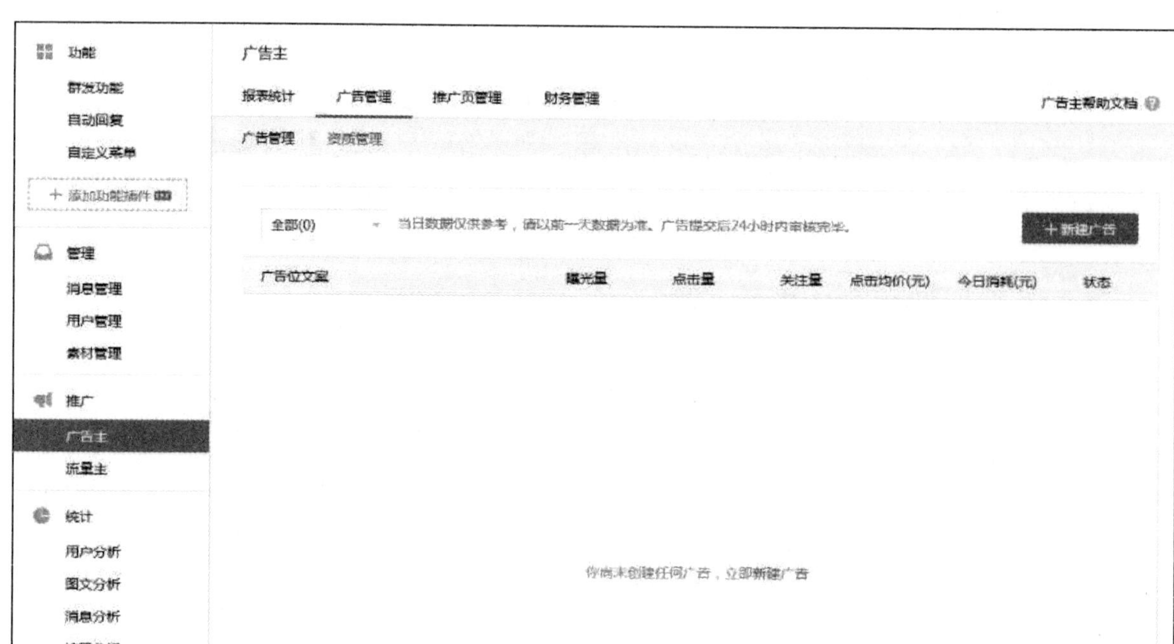

图 4-12　登录广告管理页面

5. 申请流量主

流量主功能也是微信公众平台官方的广告系统。公众号运营者自愿让出公众号内的某个指定位置，用来让广告主分享广告，流量主以此来获得一定的收入。那么如何申请流量主呢？

（1）单击“申请开通”流量主（见图 4-13）。

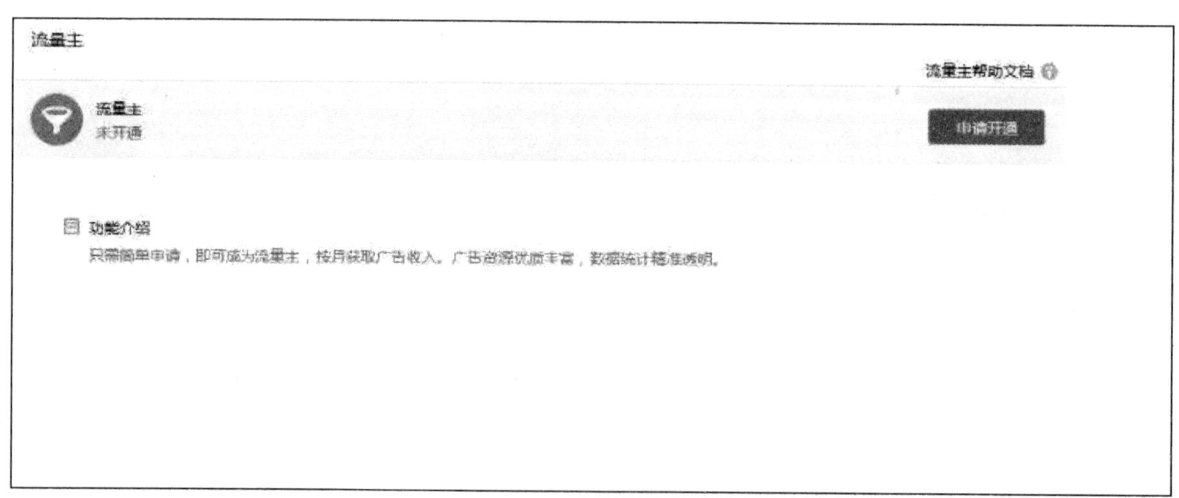

图 4-13　申请开通流量主

（2）需要注意的是，流量主功能要有 10 万粉丝以上才能开启，所以没有足够数量的粉丝是无法申请的（见图 4-14）。

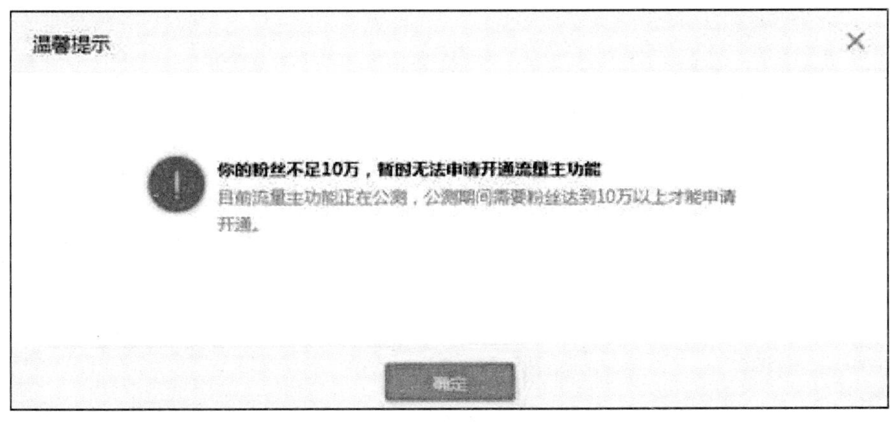

图 4-14 流量主申请提示

（3）如果粉丝超过 10 万则可以进入下一步，阅读无误后单击“同意协议”（见图 4-15）。

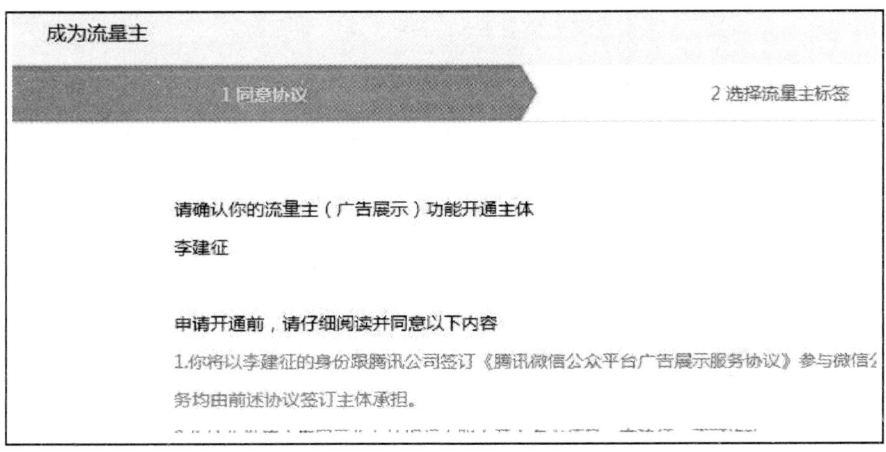

图 4-15 单击“同意协议”

（4）单击选择流量主标签，确认后填写你的银行卡信息。审核一旦通过，流量主功能就申请成功了（见图 4-16）。

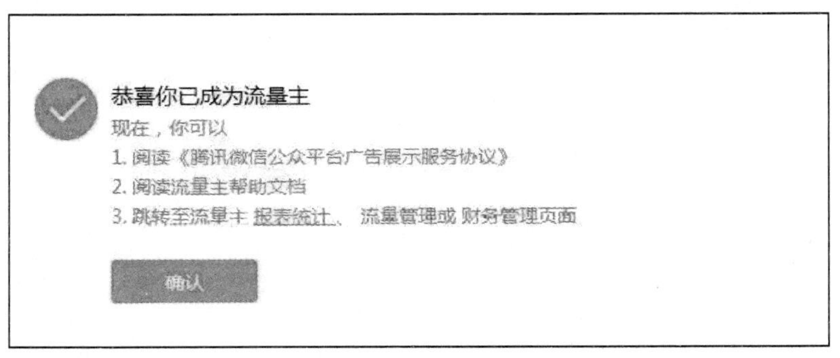

图 4-16 申请成功

以下是流量主的监控数据统计页面（见图 4-17）。

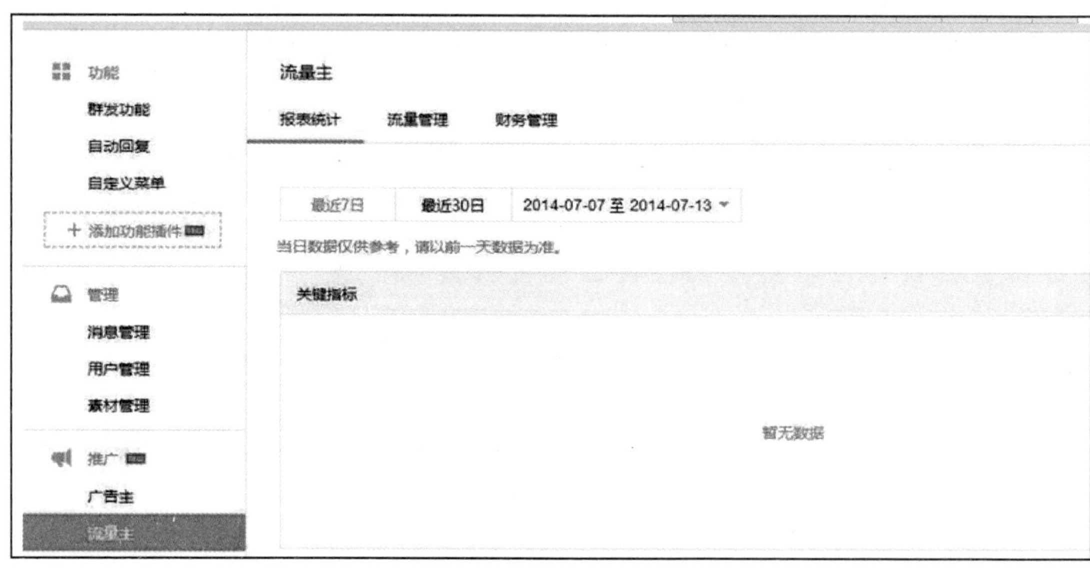

图 4-17　流量主的监控数据统计页面

6. 设置群发

群发功能可以将内容信息有效及时地发送给目标客户，简单又方便，还能为运营者节省不少时间。那么如何群发消息呢？

登录微信公众平台，单击“群发消息”后根据自己的实际需求填写相关文字、图片、语音或视频即可，然后选择好群发的对象、性别和地区等（见图 4-18）。

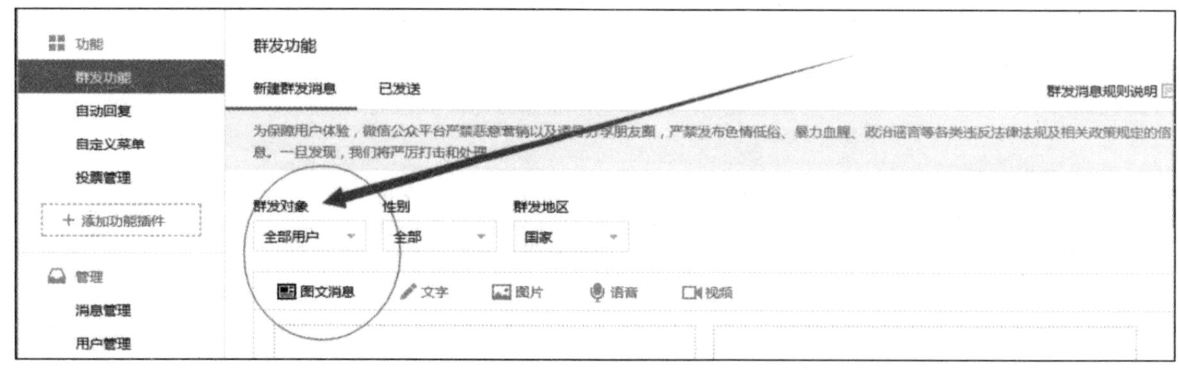

图 4-18　新建群发对象

① 图文标题上限为 64 个字节。

② 内容字数上限为 1200 个字符/600 个汉字。

③ 语音可以是 mp3、wma、wav 和 amr 格式，文件最大 5MB，时间最长 60 秒。

④ 视频可以是 rm、rmvb、wmv、avi、mpg、mpeg 和 mp4 格式，文件最大 20MB。

⑤ 群发暂不支持中英文之外的语言。

⑥ 订阅号 24 小时内只能群发 1 条消息；服务号 1 个月（按自然月）内可发送 4 条消息。

⑦ 群发成功或群发后审核中的内容不可修改或删除。

7. 做好图文分析

前面提到的客户分析可以帮助运营者把握公众号的近期发展状况，同时从宏观角度对公众号进行分析。而图文分析则帮助运营者从微观角度分析公众号内容，通过阅读量、收藏量和转发量来分析客户对近期内容的反应。

（1）送达率：送达率关注的是公众号的图文消息所送达的人数，通常在 95%～100%是正常的。

（2）图文页阅读率：图文页阅读率关注的是单击打开文章的人数。需要注意的是，同一个粉丝连续打开阅读页只计算 1 人数量；换句话说，图文页阅读人数是去重人数。与此同时，即便是未加关注的客户单击阅读也会算进图文页阅读数量中去；换句话说，阅读次数是不去重人数。

（3）原文页阅读率：原文页阅读率的计算方法与图文页阅读率相同。但原文页指的是在图文页的页面单击“阅读原文”后进入该页面。有的文章根本没有“阅读原文链接”，所以原文页阅读人数会出现 0 的现象。想要添加“阅读原文”链接时，在编辑页面单击“添加原文链接”，然后输入本文链接即可。

（4）收藏转发率：收藏转发率是非常重要的数据。客户觉得公众号内容好，值得一读，才会真正去收藏或转发，也只有这样才会计入数据中去。需要注意的是，收藏转发数量包括并未订阅的客户，是去重操作数据。

其实，图文分析数据还包括图文转化率，也就是图文阅读数与送达数的比值。这项数据在没有任何活动的正常状态下才有参考价值，因为一旦有了活动，数据波动较大，就不是公众号的正常水平。

4.2.9 进行双号运营

订阅号和服务号的双号运营（见图 4-19），可以同时发挥出两个账号的特点，从而做到优势互补。其中，订阅号的优势在于每 24 小时可以面对客户发送一次消息，服务号的优势在于功能丰富的自定义菜单。这种优势互补的模式，会对商家的发展起到很明显的推动作用。

1. 确立两个账号的分工

商家在启用双号运营的模式时，需要确立两个账号的具体分工。比较好的定位是：将订阅号打造成一个平台，以发送信息为主，重点宣传企业的品牌形象；将服务号打造成一个工具，以与沟通客户为主，重点突出其自定义菜单互动的功能。这样做不仅有利于提高客户的关注度，而且能够有效规避客户产生重复关注的感觉。

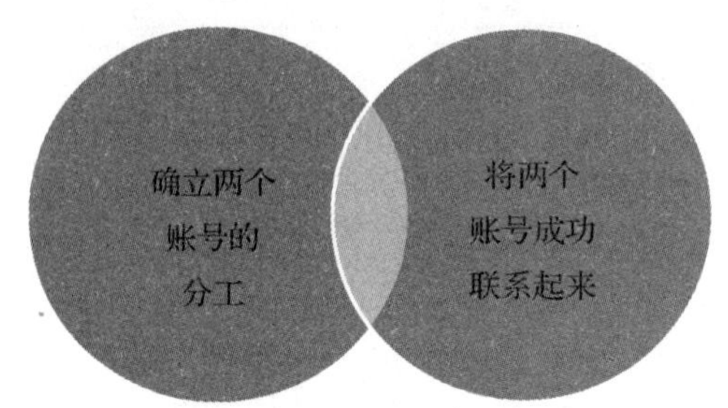

图 4-19　双号运营的方法

2. 将两个账号成功联系起来

订阅号和服务号可以在内容上有所重合，这样做有利于它们展开互相宣传，提升客户对商家的关注度。具体做法是：商家可以在订阅号平台上发送微信活动内容，在服务号平台上举办具体活动；也可以在用服务号展开活动时，添加关注订阅号的信息；还可以在服务号和订阅号上同时公布某些信息，以加深影响。但无论商家采取什么方法，有一点都需要注意，那就是订阅号和服务号的内容不要有过多重复，否则会使客户产生重复关注的感觉。

海底捞的扫码优惠活动

海底捞是国内一家比较有特色的火锅店，它同时开通了“海底捞火锅”和“海底捞”两个加V 微信公众账号。其中“海底捞火锅”用来发布新品，为客户提供餐厅的最新动态；“海底捞”则用来搞一些创意活动，以激发客户的活跃度。海底捞通过易拉宝来推广微信公众号，消费者只要扫描易拉宝上的二维码，就可以成为海底捞的微信会员，并享受一定的优惠。例如，首次订餐打 5 折、购买套餐立减 30 元等。

海底捞通过双号运营、扫描优惠的方式，不仅推广了品牌，还很好地拉近了与客户之间的距离。它不但抓住了消费者的心理需求，还满足了消费者的各种需求，使众多客户成为它的忠实粉丝。

在使用双号运营时还有一个误区，那就是订阅号认证通过后，会拥有自定义菜单的功能，从而同时具备双号优势。有些商家认为他们可以使用订阅号单号运营的模式，来达到双号运营的效果。

针对这种误解，正确的解释是：订阅号认证通过后确实可以具备服务号的部分功能，但是单独运营订阅号的做法并没有太大意义。其中的原因有两个：一是订阅号认证需要一定数目的资金，以同等数目的资金可以开发出服务号更多的功能，用来投入订阅号中得不偿失；二是订阅号的自定义菜单在功能上要劣于服务号的自定义菜单，两者之间存在明显差距。综上所述，商家与其以投入资金认证的方式发展订阅号，不如采取双号运营的模式。这才是投入最少、效益最可观的运营模式。

【案例分析】

视觉志尽情发挥名字魅力

视觉志是一个以分享图片为主的微信公众号，内容涉及音乐、电影、读书等领域。为了迎合粉丝的口味，视觉志同时也以文字、影像和音频等形式相辅助。到目前为止，视觉志的粉丝已突破 300 万大关，仅凭广告收入就能让这个团队“吃饱”。当然，视觉志的成功在很大程度上取决于其内容的强大魅力，但是它的名字在吸粉方面发挥的作用同样功不可没。

案例分析：

从名字上看，“视觉志”属于内容类型的名称，利用的是功能展示法。我们一看到“视觉志”这几个字，就能猜想出它的目标群体、内容形式以及价值理念。因此，这个名字将它的服务和用途都很好地展现了出来，既方便了客户对于平台的了解，又能让人们精准地识别出这个微信号。可以说，正是因为有这么一个好名字，才使视觉志在成立初期就拥有了一大批粉丝；而后又因为好的内容推送和精细管理，才使它的粉丝群越来越壮大。

【实战训练】

1. 你是如何做公众号定位的？
2. 在撰写内容标题时，你认为哪些点是最重要的？
3. 在内容原创方面你有什么感想？
4. 做内容原创时需要注意什么？
5. 你转载过其他公众号的文章吗？如果有，什么样的文章更容易吸引你？
6. 请描述一下你的公众号在近一个月的客户管理情况。

4.3 App 营销

App 营销指的是应用营销，即利用手机、平板电脑、SNS 等平台上运行的应用程序进行营销。这种营销方式属于移动营销体系中最活跃的一种。

4.3.1 App 营销的特点

App 应用软件的大量开发和使用给了很多支付不起高额宣传产品费用的中小型企业一种完善、便携、多样、高效的移动营销新方式。那么 App 营销有哪些特点呢？

1. 成本低

App 营销与网络、电视和报纸相比，费用成本较低，推广效果更好。而且，我们只需要设法开发属于自己的品牌应用即可。

2. 信息全

App 可以将产品信息完全展示出来，在客户心中树立起好的形象，因此更容易激起客户的购买欲望。

3. 回馈及时

客户可以通过 App 进行网上订购，而运营者则可以与客户进行交流与反馈。移动网络使得客户与运营者之间的交流更加通畅，有助于运营者掌握客户对产品的喜爱与厌恶程度，对产品未来的规划和设计有一定的促进作用。

4. 更精准

运营者可以通过市场定位技术、数据库技术、网络通信技术和高度分散的物流手段来与客户进行个性化沟通，这样的营销效果更加精准可控。

5. 黏性高

由于 App 本身的实用价值就非常高，几乎每一款手机或多或少都会备有一些应用。一旦客户下载了 App 应用，应用中的各类任务和趣味性的活动会吸引用户，从而形成用户黏性。

App 营销方式属于移动营销体系中目前最活跃的一种。微信、移动淘宝、快滴、美团、携程旅游等 App 软件就是其中的杰出代表，它们已经呈现出百花齐放的态势，并深入我们生活的各个领域，产生了深远的社会影响。

4.3.2 App 营销的方法

企业利用 App 进行营销可以采取以下几种方法。

1. 品牌与生活相结合

所谓品牌与生活相结合，就是要从客户的生活细节入手，狠抓每个细节的实用性，进而植入产品，使客户息息相关的日常生活和 App 结合起来。

例如，星巴克推出的 Early Bird 闹钟应用，客户通过设定时间，按照提示准时单击起床按钮，就可以得到一颗星的奖励。如果客户在一个小时之内走进星巴克，验证 App 就可以打折价格买到一杯咖啡。

2. 产品体验与游戏相结合

很多企业都可以将自己产品的特征、体验形式和 App 相结合，利用个性化定制营销达到传播效果。

例如，开发一款小游戏，将啤酒瓶做成游戏中的暴力道具，自己用材料酿造饮料等。宜家就推出过一款移动 App，把自己的产品做成图片，客户可以自定义进行各类家居的布局，还可以把自己制作的布局放到 App 上，通过投票选出最受欢迎者，并以此得到商家的奖励。

3. 实现产品或服务的个性化定制

将产品或服务的每个细节详细地通过 App 实现个性化的定制（见图 4-20)，这种模式适合标准化生产的产品。例如，服装搭配类 App，客户可以随意搭配上衣及下衣的款式、颜色和尺寸，用极大的自由度来吸引客户的兴趣，以达到推广自己品牌的效果。

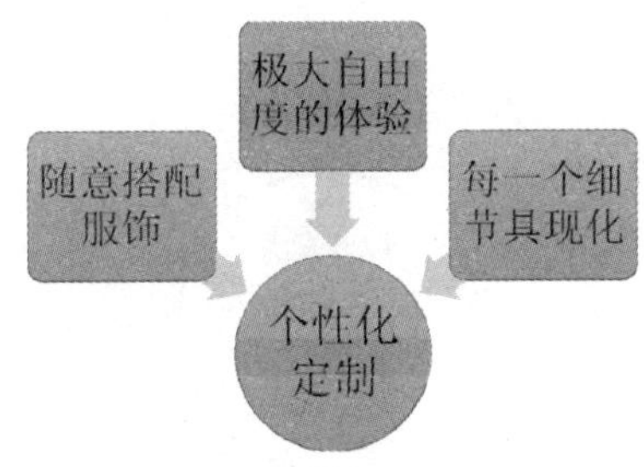

图 4-20 个性化定制的优点

4. 产品的逆向思维

利用不使用产品会产生严重后果的逆向思维让客户产生必须用的心理反应，这种模式适合避孕套、避孕药品等容易导致严重后果的产品。

杜蕾斯就推出过一款可以模拟养小孩的 App，就像真正的婴儿一样烦着你，还会随时更新你的社交平台状态，各种关于婴儿的活动也会随之而来……总之这款应用的作用就是让你烦不胜烦，而当你每次关闭此程序时都会出现“请用杜蕾斯”的提醒。

5. 线上线下联动

通过给线下产品的活动、广告、促销等设置二维码并把它放到 App 上，企业就可以使线上线下联系紧密结合，从而解决线下活跃度不足的问题。

例如，可口可乐公司推出的 CHOK，客户通过观看指定的沙滩电视广告打开 App。当广告中出现“可口可乐”的瓶盖且手机振动时，挥动手机去抓取画面中的瓶盖，就能获得奖品。

6. 利用客户的等待时间

客户在等待的时候是最无聊的，如果推出一款 App 可以帮助客户解决无聊的烦恼，就会给品牌提分不少。

法国航空推出过一款 App，安装后只要用手机对着天空，即可搜寻空中随机散布的歌曲，搜寻到之后即可直接试听。另外，此 App 中还有可以赢取机票的互动游戏。这款 App 正是抓准了客户的需求时间，才成功调动起客户的兴趣。

7. 利用开发者服务盈利

要想靠移动互联网市场赚钱，除了可以做产品和项目之外，还可以做服务。利用开发者服务盈利的产品多种多样，既包括云主机、云存储，也包括各种以 App 为基础的产品（见图 4-21）。

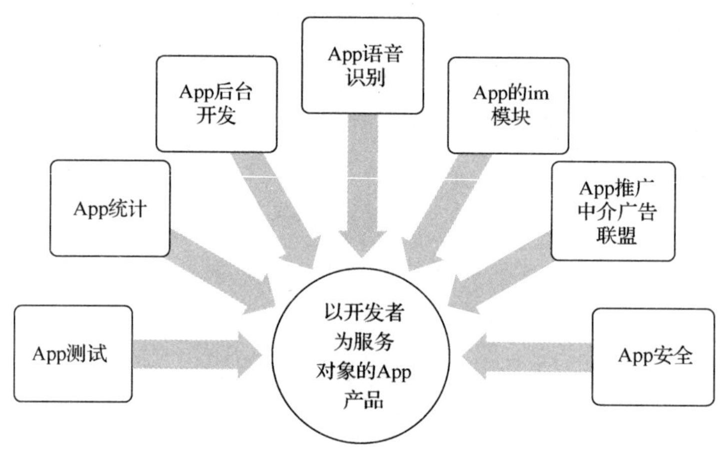

图 4-21　以开发者为服务对象的 App 产品

目前，已有超过 100 家的开发者服务产品数量是以移动互联网开发者为对象形成的。它们以中小型开发者为主要服务对象，充分利用移动互联网长尾效应，紧紧锁定这些中小型开发者，形成了一定的数量规模，并在逐步向商业效应发展。这些企业不仅可以赚钱，而且还得到了大量的风险投资。

以开发者为主体服务对象的企业和产品如下。

Testin 云测：App 测试

七牛云和又拍云：云存储

ucloud 和金山云：游戏云主机

个推：推送

4.3.3　移动 App 营销和跨界营销

1. 移动 App 营销

（1）内置广告模式

内置广告模式的主要特点是应用界面上显示硬广告。由于广告是硬性的，因而客户无法取消它，只要客户的移动终端连接到网络，应用就会自动使用流量来加载文字或图片的广告。这种模式在App的广告市场营运中最为广泛，一度受到品牌广告主的追捧；但由于极易受到客户的反感，因而已经渐渐不被人们所使用。

（2）客户参与模式

客户参与模式是利用App进行的线上与线下的互动，互动强调线上客户和线下现场活动的紧密结合，可以调动客户参与活动的积极性。该模式中活动厂商和客户之间、线上客户和现场客户之间的互动效果极强，宣传效果也很好。由于客户参与模式本身具有参与性、积极性和影响性等特点，因而渐渐地受到各大品牌广告主和活动厂商的青睐。

2. 跨界营销

跨界营销如今已经屡见不鲜，它可以使看似毫不相干的元素相互渗透、相辅相成，使两个不同的元素通过完美的融合产生意想不到的效果，从而吸引更多的客户，促进商品的销售。

4.3.4 App营销的策略

App营销讲究一定的策略和技巧，当我们部署好推广方案后，还要结合一定的策略才能达到更好的推广效果。那么App营销策略可以从哪些方面入手呢？

1. 曝光率

进行App营销推广之前，一定要弄清楚自己的首要推广目的。从推广目的入手，虽然我们需要极大的下载量，但曝光率是下载量的有效保障。举一个例子，我们在一个应用商店发布可能只能获得10人下载，而在两个应用商店发布就有可能得到25人下载。因为当一个客户在某个应用商店看到你的App时，第一感觉不一定好；而当他来到第二个应用商店时可能会忽然发现你的App有很多不错的功能，于是就会选择下载。这就是曝光率的作用。在前期进行集中式的曝光之后，客户对你的App就会有一定的印象，下载效果自然也会有所提高。

2. 应用商店

App营销推广自然要选择好的应用商店。下面是相关人士总结的一些应用商店和下载站的App推广效果，仅供大家参考。

（1）安智市场：审核快，前期下载量很好。

（2）安卓市场：审核快，实际客户<下载量，转化率<安智。

（3）机锋市场：审核快。

（4）应用汇：下载量≈机锋市场。

（5）搜狐下载：申请时间较长。

（6）3G门户下载：初始阶段下载量较好。

（7）木蚂蚁商店：稳定，但下载量不高。

（8）91 商城：一般。

（9）安卓星空：一般，但后台较方便。

掌握了以上数据后，我们还要注意发布时间的选择。很多 App 会在周五发布，所以周五竞争相对激烈。对于竞争力弱的 App 来说还是避开周五，选择周三或周四进行发布为好。此外，描述的第一句话一定要有诱惑力，这样才更容易吸引客户。

3. 论坛推广

在进行论坛推广时我们会发现，一个不起眼的帖子很可能会得到很多人的加分，从而成为热门帖。这种帖子很有可能是因为吹捧而得到大家的评分的，因此我们要学会鼓励别人来评分。常见的方法是开启回复方可下载的功能，或者抛出对立观点来引发众人的探讨，以提高帖子的人气指数。当然鼓励的方法有很多，大家可以根据实际情况来推动帖子的热度。

4. QQ 群推广

在 QQ 群推广时切忌一上来就发广告，因为这样很容易被踢出群。建议大家先与群成员打成一片，到一定阶段后再进行推荐。如果你进的是玩家群，就可以推荐一些游戏给大家，然后顺水推舟地将自己的 App 推荐出来。这种方法虽然需要一定的时间成本，但较为稳妥，效果也相对较好，所得到的客户通常都比较忠实。

4.3.5 App 营销的模式

App 营销的推广模式有很多种，我们从以下几个方面来为大家进行简单介绍。

1. 硬推广

硬推广可以分为 3 种，即与手机厂商合作来进行推广、在 App 安装平台进行推广或是通过刷榜来进行推广。

（1）与手机厂商合作来进行推广：其特点是价格低、规模大。适用于得到风险投资且想要马上提高安装量的 App。

（2）在 App 安装平台进行推广：常见的 App 安装平台包括以下几种。

下载市场：安卓、机锋、安智、应用汇、91、木蚂蚁、N 多、优亿、安机、飞流等。

应用商店：Google 商店、小米商店、三星商店、魅族商店、联想开发者社区、OPPO 应用商店等。

大平台：沃商店、天翼空间、华为智汇云、腾讯应用中心等。

客户端：豌豆荚手机精灵、91 手机助手、360 手机助手、PP 手机助手、同步推等。

（3）通过刷榜进行推广：虽然通过刷榜进行推广不太正规，却受到了极大的关注。因为刷榜可以使得 App 排名靠前，从而更容易吸引客户，因此下载量相对也会有所提高。

值得注意的是，刷榜成本较高，进国内榜前 25 名通常需要一万元左右，而进前 5 名则需要两万元左右。所以，有很多人将刷榜和炒作结合起来，实现了快速出名的目的。

2. 软推广

软推广包括软文推广、论坛推广和微博推广。

（1）软文推广：这里所说的软文推广指的是通过撰写新闻来进行推广。软文推广的成本较低，想要发到 100 个主流新闻门户网站只需要一两万元。通过这些网站的报道，可以引来其他网站的转载，进而达到推广的目的。很多较大的国际公司看似不做广告，其实在私下会做类似的推广。

（2）论坛推广：目前，论坛也是一种比较火的推广方法。要想发表单击量较高的帖子，就要注意以下几点（见图 4-22）。

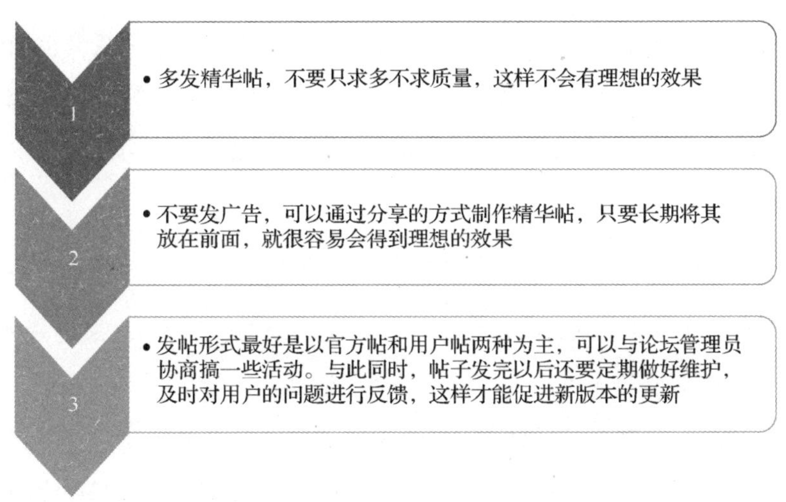

图 4-22 发表高质量帖子的注意事项

（3）微博推广：很多人在微博中看到自己喜欢的 App 就会顺手下载下来，所以微博推广也是极其重要的。那么在进行微博内容的撰写时需要注意哪些方面呢（见图 4-23）？

另外，为了能让更多的人看见自己的微博，可以设置有奖活动或邀请名人来转发，以达到更好的推广效果。

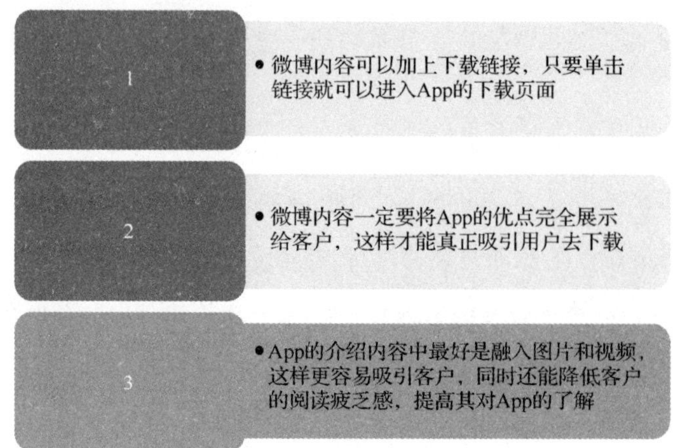

图 4-23　撰写微博内容的注意事项

3. 后部推广

后部推广可以分为数据库推广和口碑传播两种方式。

（1）数据库推广：任何行业领域都有相关的数据库，因此可以以较低的成本换取到这些数据，然后进行相关推广。推广的方式可以是短信、邮件或企业 QQ 等，内容最好是以简单为主，但要包括 App 名称、优点、链接、吸引人的词语和暗示转发的词语等。

（2）口碑传播：形成口碑传播的前提就是你的 App 要有独特的卖点，这样客户在向朋友介绍的时候才有话说，同时也才能吸引到更多的客户。举个例子，如果目标客户经常出差，那么就可以向其推荐有航班介绍的 App。这样从客户的实际情况出发，会更容易受到他们的青睐。

除了独特的卖点之外，还可以靠奖励的方式鼓励客户帮忙推广。例如，你可以将 App 设置成不同的版本，普通版本的客户只要推广达到一定的量就可以免费升级为高级版本，这样更容易激起客户的推广兴趣。

4. 合作推广

合作推广和换量护推基本上靠的都是人际关系，与其他应用实行的也都是一比一换量。所以，你的 App 应用一定要能够推荐人家的应用或者站点，但推广的结果不一定相同，可能你给人家带来了上百的流量，自己却只能得来相对较少的流量，这样的合作就很难维持下去。

另外，进行合作推广时不一定非得找单独应用，还可以找那些专门推荐应用的软件和含有软件推荐栏的软件，如 360 手机卫士和马海祥博客软件等。

除此之外，你还可以通过平台进行合作推广，常见的平台包括友盟等；同时当自己够强大时可以靠换量推广来赚钱。腾讯应用中心和亿动等就是典型的代表。

5. 付费推广

付费推广可以是内置付费推广，还可以是按量付费推广，同时还可以是广告联盟推广。很多创业者在App还未盈利时，为了获得客户就盲目地使用付费推广。这种做法其实不太理智，除非当事人营销头脑较好，且推广又极具创意，并进行了基础推广之后再进行付费推广，或者盈利模式较好的应用也可以选择付费推广。

App推广模式有很多，可以交叉进行，只要有好的品牌和营销意识，找到自己的推广点和目标人群，就可以精准地实行推广策略了。

4.3.6 App营销的效果检测

实行了App营销，很多运营者却不知道效果到底如何。那么检测App营销的效果该看哪些指标呢？

1. 启动指标

启动指标看的是新增客户、活跃客户、留存客户和升级客户。

（1）新增客户：即初次打开App的客户。需要注意的是，卸载再安装、更新版本、下载未安装、安装未启动都不属于新增客户。

（2）活跃客户：即打开应用的客户。需要注意的是，一个客户一天多次打开应用也算作一个活跃客户。同时，还可以查看周活跃客户和月活跃客户，即某自然周和某自然月打开应用的客户，同样，一个客户多次打开只算作一个活跃客户。

（3）留存客户：即留下来的客户，就是指一个时间段内新增的客户在下一个时间段内打开应用的数量。这些客户数量与当初新增客户数量的比值就是留存率。

（4）升级客户：即版本号改变的客户，既包括老版本变为新版本的客户，也包括新版本变为老版本的客户。

2. 时长指标

时长指标看的是一次使用的时长、平均每次使用的时长和日使用的时长。

（1）一次使用的时长：即一次打开应用后所使用的时间长短。这个时长是前台时长，后台运行时长不算在内。

（2）平均每次使用的时长：即一天的总时长/一天打开的总次数。

（3）日使用的时长：即一天内应用被使用的总时长。需要注意的是，平均日使用时长=日总时长/日启动总次数。

【案例分析】

阿迪达斯的App营销

2015年夏季，一位男子穿着大裤衩坐在位于成都沙湾十字路口的沙滩上，手拿一杯饮料，身体摆出一副享受沙滩阳光的样子，让人以为他在马尔代夫度假。这一举动瞬间引爆各大媒体，殊不知，这一事件是途牛的一次 App 营销。“只要心中有沙，哪里都是马尔代夫”“只要心中有沙，昨天马路今天马代”等广告语一时成为人们津津乐道的话题。途牛也因为这次创新的营销方式赢得了很多用户的赞许。

案例分析：

如今很多企业为了吸引大众的眼光，喜欢采用低俗的方式进行营销，而途牛 App 的这次营销则更具创新性，实现了营销的突破。“只要心中有沙，哪里都是马尔代夫”的广告语与品牌关联度也较为紧密，戏谑搞笑的方式让用户会心一笑的同时，也让人们有了享受生活、尝试旅游和放松的心境，从而达到营销的效果。

【实战训练】

1. App 的营销特点有哪些?
2. 你认为产品体验与游戏结合的方式是否可行? 为什么?
3. 除了本书中提到的方法之外，你还知道哪些较为可行的 App 营销方法?
4. 在不断更新的移动互联网时代，你认为 App 营销的模式是否可以改进?
5. 在 App 营销的效果检测方面，你是如何做的?

第5章 其他新媒体营销方式

1. 了解新媒体营销的其他方式。

2. 了解自媒体营销的定位方法和软文推广策略。

3. 了解移动广告营销的特点和收费方式。

4. 了解移动广告营销的定位和平台优化方法。

通过本章的学习，读者将对新媒体营销的其他方式进行了解和总结，能够对自媒体营销和移动广告营销进行深度探究，为营销活动做好充分的准备工作。

5.1 自媒体平台营销

如今，微信、微博等社交应用成功抢占了自媒体的新据点，人们只要拥有自己的社交账号，就能成为拥有自我特色的发布平台。于是自媒体平台营销应运而生，成为当今时代的重要营销渠道之一。

5.1.1 平台定位

营销者若想顺利地展开自媒体平台营销活动，首要条件就是选择适合自己的自媒体平台。接下来，我们就看看几种较为常见的自媒体平台。

1. 百度百家

在百度百家发布的文章，审核通过率一般较高；而且在百度平台上具有较好的排名，容易取得不错的宣传推广效果。此外，所发文章末尾能够带上联系方式和文本链接，这样就可以方便客户主动联系运营者。

2. 搜狐自媒体

搜狐自媒体的优势在于审核通过率极高，以及文章中能够出现文本链接。除此之外，它还具有较好的搜索引擎排名，是较为热门的自媒体宣传平台。

3. 今日头条

今日头条的人气极高，具有庞大的关注客户群，其中的单篇文章甚至可以达到数十万的阅读量，所以是一个很好的自媒体平台。需要注意的是，它在搜索引擎中的收录不太及时，而且排名并非很高。

4. 微信公众平台

微信公众平台不但具有很高的受众量，而且其受众多为移动端客户和新生代客户，所以发展潜力极大。我们可以利用公众号的各类功能，来展开相应的营销活动。

5. 新浪微博粉丝服务平台

新浪微博的客户数量极多，传播速度极快，是一个影响力巨大的自媒体平台。当然，由于新浪旗下公众账号仅允许加 V 客户入驻，在所有自媒体平台中要求可以说是最为严格的，因此它的门槛也比较高，不太适用于一般客户。

5.1.2 软文推广

软文推广是自媒体进行粉丝引流的有效手段。但是若想令这种推广方式真正起到作用，就要让软文与目前最流行、最时尚的事件产生联系，从而达到吸引大众目光的作用。接下来，我们将为大家介绍一个很实用的平台——百度搜索风云榜。在这个平台上可以找到很多热搜的关键词以及最尖端的热点事件，从而对增强软文的前卫性和传播性产生很大作用。

百度搜索风云榜上面陈列了大量的榜单数据，这些数据的产生基础是几亿网民每日搜索不同信息的次数，具有很高的权威性和客户关注度。因此企业可以将软文与风云榜上的热搜信息相结合，创造出最具价值的推广信息。

例如，之前有较为火热的新闻“某吃货大妈头上插刀过安检”。企业完全可以利用这一信息，创造出符合自己需要的软文来。如果你的产品是刀具，那么可以称“大妈为何插刀过安检，只因她不忍舍弃我们卖的刀”；如果你的产品是水果，那么可以称“大妈为我们卖的水果痴狂，插刀过安检”；如果你的产品是酒，则可以称“酒壮英雄胆！大妈喝了我们卖的××酒，才敢插刀过安检”等。

自媒体平台多种多样，但只要能够创造出最具流行价值的软文，就可以将这些软文推广到各大网络论坛以及贴吧等公共平台上。这样做有两个好处：一是会使软文乘着热点的东风传播开来，二是在网络客户群中产生广泛影响，进而达到最优化的营销效果。但是有一点值得注意，那就是热点信息的时效性比较短，需要时时关注最新消息，抓住有利时机做出推广软文。

5.1.3 盈利手段

自媒体能否实现盈利的目标？这个问题一度引发了互联网业界的广泛争议。如新媒体研究专家魏武挥在其发布的文章《我为什么反对自媒体有商业模式》中，就表达了对自媒体盈利的不看好。然而还有一些专家，如"云科技"创始人程苓峰等则对此提出了异议，认为自媒体盈利的前景十分广阔。我们针对目前已经出现的各类观点，总结了以下 3 种可能的自媒体盈利方法。

1. 广告收入

自媒体人可以通过微博等平台发布广告类信息，然后向商家收取广告费用，以实现盈利。例如，"云科技"创始人程苓峰利用"云科技"发布微信广告，主动向业界开售，在短短 2 个月内就获取到 10 张订单，所收金额共计 13 万元左右。

2. 付费阅读

很多人认为通过微信支付，主动向微信公众号客户收取订阅费用，也是一条不错的自媒体盈利之路。当然，这需要微信公众号具有极高的知名度，而且有一批甘愿为此付费的忠实客户。此外，版权问题也是一个需要关注的重点，只有打造出严格、合理的网络版权维护体系，才能保证微信公众号运营者的正常盈利。

3. 线下收益

如果自媒体人本身具有较强的能力和素质，则往往可以通过持续发布文章的方式，获得更多客户的关注，打造属于自己的影响力。而这种影响力达到一定程度，则会有变现的机会。例如，正和岛就借助自媒体的线上营销，实现了线下收取会员费的盈利目的。此外，一些自媒体在线下还可以开展演讲、培训等课程，通过此类线下活动来获取利润。

4. 品牌销售

当自媒体做到一定规模，自媒体人可以创立自己的品牌产品，通过销售自己的产品来获取利润。这不同于打广告帮别人卖产品，从中获取差价。自创、自产、自销的模式更有助于扩大自身影响力。

5. 服务咨询

一般来说，这种盈利方法更适用于某个专业领域的自媒体使用。因为只有在某个领域做得精、做得强、做得有名气了，才有机会吸引客户上门，才能为有需要的人提供相关服务或咨询建议，才能将这种服务、咨询等转化为利润。可以说，在新媒体时代，只要有需求，无论是有形产品还是无形服务，都有机会转化为商机。

6. 流量分成

一些大型的自媒体平台如头条号、百家号等，设有作者分成机制，自媒体人可以在这些平台发文章，如果文章阅读量能达到一定的标准，自媒体人就可以从官网获取利润分成。当然，这需要自媒体人付出必要的努力，用心去做，才有机会获取高流量，并通过流量实现盈利目的。

7. 公关收入

在信息化的社会中，公关宣传的重要性越来越凸显，随着市场需求的不断增加，不少自媒体开始以写专访为生。相较于广告软文来说，专访的形式更加高端，这对于一些预算有限的小公司来说，是一条不错的宣传途径。因此，自媒体借助专访的形式来获取公关收入，也是一种有效果的盈利方法。

8. 出售账号

当自媒体账号经过努力经营拥有一定的粉丝量，具有一定的社会影响力后，它的“身价”就会变得很高，若是将它卖给有需求的人或团体，那么它带来的利润也是一笔可观的收入。

9. 合作盈利

不少品牌自媒体与一些大型企业之间有合作关系，它们相当于企业的宣传窗口，但本身又是独立的，通过帮企业宣传来获取利润。此外，一些做得很好的自媒体还会被其他企业以更高的价格“挖角”。

5.1.4 巧用豆瓣推广

相对于微博、微信来说，豆瓣受众较少，属于小众型网络平台。但是豆瓣也有自己独特的优势，那就是鲜明的文艺标签。这种特点使其在特定人群（如知识分子、文化人士）中具有较大的影响力，因而在豆瓣上发布的日志和文章也很容易得到上述人群的认可和传播。

基于上述认识，企业在开展宣传活动时，可以利用豆瓣进行推广，从而吸引特定人群的注意，以达到较好的吸粉、吸睛效果。

1. 豆瓣日志推广

我们如果将文章发布在豆瓣上，往往就会取得较好的搜索排名（一般会高于自己的网站）。例如“微商怎么做”这个关键词，豆瓣日志就在相关搜索中排名第三位，很是夺人眼球。那么我们在豆瓣日志上写文章时，具体应该怎么做呢？

（1）当我们写豆瓣日志时，要在标签处写明文章的关键词，这样做将有利于取得较高排名。

（2）新账号的前面几篇日志较容易被收录，但之后收录的难度就会增加，而我们要做的就是坚持下去，等待后面所发表的日志慢慢被收录。

（3）要多注册几个账号，以免被封号。

（4）可以通过其他账号回复日志，回复内容要和文章本身有关联，这样做有助于取得较高排名。

（5）当日志排名较高时，可以将日志设置为不可回复状态，这是为了防止被留言广告覆盖，进而引发日志被删除的风险。

2. 豆瓣小组推广

豆瓣小组推广可以分为以下 3 个层面。

（1）小组直接推广

我们可以利用人气高的小组进行直接推广，尽管这样做容易被封号、删帖，但是实际效果还不错。例如，某些星座小组对淘宝客进行直接推广，某些同城小组对商家和交友类项目进行直接推广，都取得了较好的宣传推广效果。

（2）发帖推广

在豆瓣小组中发帖子容易被收录在搜索引擎中，并取得较好的排名，这与豆瓣日志推广有相似之处。在进行小组发帖推广时，要注意以下几个小技巧（见图 5-1）。

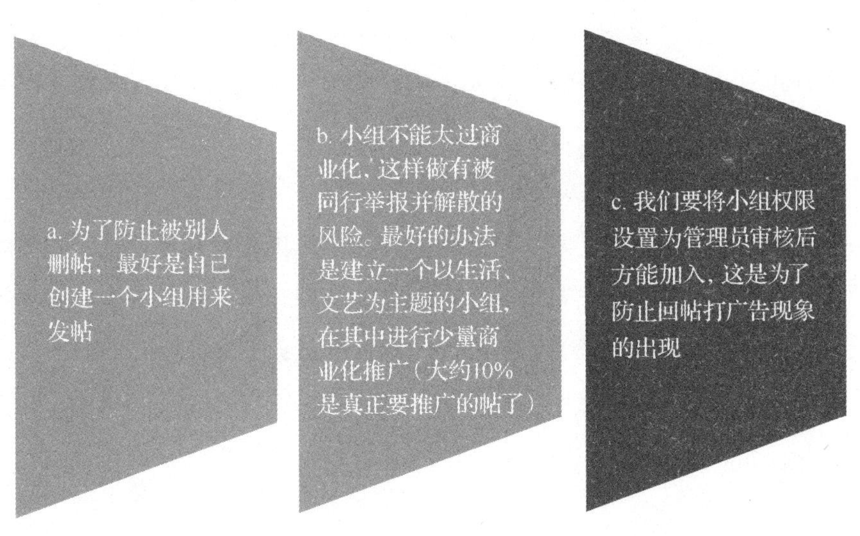

图 5-1　发帖推广的技巧

（3）回帖推广

小组回帖推广是一种重要的推广方法，如果应用得好，就很容易从豆瓣引来大量流量。其具体技巧如下（见图 5-2）。

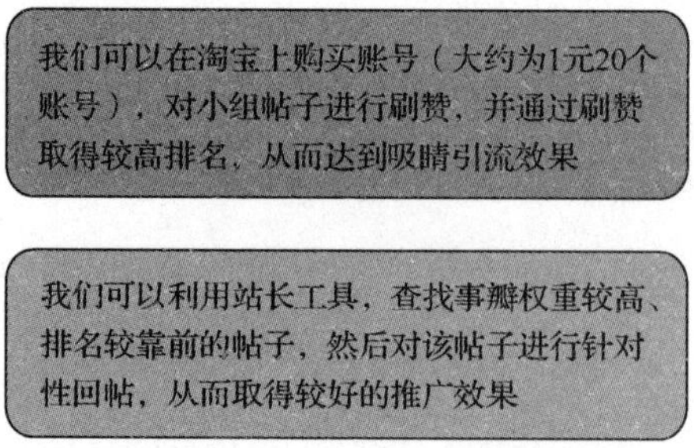

我们可以在淘宝上购买账号（大约为1元20个账号），对小组帖子进行刷赞，并通过刷赞取得较高排名，从而达到吸睛引流效果

我们可以利用站长工具，查找事瓣权重较高、排名较靠前的帖子，然后对该帖子进行针对性回帖，从而取得较好的推广效果

图 5-2　小组回帖推广的技巧

需要注意的是，豆瓣是一个强调文艺性、排斥商业化的网络平台，所以在上面进行推广时很容易引发删帖、封号等现象。因此，我们要将推广内容巧妙地融入软文帖子中，避免太过明显的商业化元素出现，以便在最大程度上规避风险，进而取得最优化的宣传效果。

【案例分析】

锤子科技的“文青版坚果手机”

众所周知，坚果手机从上市起，就以“情怀”为卖点而深得文青的喜爱。紧接着在 2015 年 10 月 19 日，锤子科技推出了专为文艺青年设计的手机——“文青版坚果手机”。在手机发布前，罗永浩的锤子科技发布了 8 张具有悬念且充满文艺气息的海报。他从北野武、张爱玲、海明威、莫言、三毛等作家的著作中，摘录一段话，然后把其中一句抹去。8 天 8 句话，最后答案揭晓，充满神秘色彩的同时，又让文艺青年们对这场发布会充满了期待。用小说来做软文推广，正是罗永浩的文青情怀。

案例分析

锤子科技通过软文推广的有效手段，将产品与目标群体进行有效黏合，8 张具有悬念且充满文艺气息的海报紧紧抓住了目标用户的心。北野武、张爱玲、海明威、莫言、三毛等作家的著作更是让客户产生强烈的期待感和共鸣感，让产品与目标群体最关注的事件产生联系，以此来达到吸引大众目光的目的。

【实战训练】

1. 你是如何进行自媒体营销的？

2. 你认为不同类型的自媒体平台都适合哪种类型的企业？

3. 自媒体营销的盈利手段都有哪些？

4. 在进行自媒体营销时，你都遇到过哪些问题？是如何解决的？

5. 你使用过网络水军吗？你是如何看待网络水军的？

6. 在利用豆瓣进行推广时，你认为哪些方面是最重要的？

5.2 移动广告营销

随着移动广告技术的不断发展，如智能广告、插屏广告、原生广告、重力感应广告等不同形式的广告开始在移动端逐渐普及，并被很多人所接受。经营者们也开始认识到其中蕴藏的巨大机会，于是纷纷进入这一领域，抢占移动广告市场。

5.2.1 移动广告的特点

移动广告为何取得如此快速的发展，又为何得到如此多经营者的青睐呢？要想解答这个问题，就不得不从移动广告的特点谈起。

1. 精准性

相比于传统广告，移动广告本身就有精准性的优势。它可以通过收集手机客户的购物习惯和个人偏好等数据，推送具有针对性的广告信息，从而做到精准营销。

2. 即时性

智能手机具有可随身携带的特性，客户可以随时随地上网，浏览自己所关心的信息。而依托于移动端的移动广告就可以根据这一特性，发布及时有效的广告信息，使客户能够在第一时间看到。

3. 互动性

移动广告可以为广告主和客户双方提供互动交流的功能。广告主可以通过移动广告中的调查类信息了解到客户的真实需求；客户可以通过提出自己的改进意见增强参与感，得到更好的服务体验。

4. 扩散性

通过微信、短信、微博等不同方式，客户可以把自己觉得有用的移动广告及时转发出去，在自己的圈子中产生扩散传播效应，从而引发较大的反响。

5. 整合性

移动广告将文字、声音、图像、动画等不同因素整合在一起，并通过智能手机终端表现出来，从而在最大程度上满足了客户的购物、娱乐等需求。

除此之外，移动广告还具有可测性或可追踪性的特点，能够供商家准确统计目标客户数量和其他相关数据。

5.2.2 移动广告的定位

很多移动广告都采用简单粗暴的“广撒网”模式，并希望以此来获取更多客户的关注，进而达到良好的营销推广效果。但实际情况是：客户对于此类同质化严重、缺乏有效信息的广告兴趣不高，甚至心怀厌恶。长此以往，就很容易败坏整个移动广告业的名声，造成严重的后果。

实际上，移动广告要想做好，不能单独靠数量，也不能单独靠质量，而是要在对广告进行合理化定位的基础上，满足目标客户的真实需求，从而实现移动广告健康、快速的发展。

移动广告的定位主要分为以下几个方面。

1. 针对性定位

要想做出有效的移动广告定位，第一步就是找到具有特定需求的目标人群。例如，我们的广告是有关年轻人时尚服饰的，就要把广告发送到“90 后”“00 后”等年轻人群中。

2. 覆盖性宣传

在确定了目标人群之后，我们就要展开覆盖性宣传。具体方法是线上线下活动相结合，如在微信、微博、论坛上进行宣传推广类活动，举办线下的优惠类、体验类活动等。总之，我们要尽最大可能，提高广告在目标人群中的有效覆盖率，让更多目标客户了解到我们的广告和产品。

3. 提高变现能力

宣传的目的就是变现，所以我们还要提高目标客户的变现能力。这就需要通过收集不同客户的移动端数据，如偏好数据、支付数据等，以客户的需求偏好和经济实力为基础，做出适合客户的精准发送。这样做有利于获得客户的好感，产生真实的购买行为。

5.2.3 移动广告的优化平台

移动广告有很多优化平台，它们为广告主提供了专业化的管理平台，能够使广告主更易进行精准、高效的广告投放，取得公正、可观的广告收益。下面，我们就来看几种典型的优化平台吧。

1. 芒果移动广告

芒果移动广告平台以领先于同行业的实时竞价方式，大幅度提高了广告交易的效率，并精准结合了广告需求与供给，为 App 开发者、各需求方伙伴以及广告主带来了可观的收益。

2. 艾德聚合

艾德聚合是一个具有 RTB（实时竞价）功能的移动广告聚合平台。其特点是可以对国内外主流移动广告平台进行整合，并统一管理相关广告功能。对于广告主和开发者来说，艾德聚合的操作十分简单，可以与很多广告平台搭配使用。

3. AdView 移动广告

AdView 移动广告是一种移动广告管理平台，它专门为开发者（Android 和 iOS）提供免费服务，并支持国内外多家相关平台实现自由转换（有米、多盟、iAD、百度等），以帮助开发者植入不同的广告平台，提高广告普及比率，从而实现广告收益的最大化。

4. 果合

果合移动广告的主要针对对象是国内的开发者，它可以在单击率优化、单价优化、填充率优化等多方面为开发者提供智能优化收入的帮助。

5.2.4 移动广告的收费方式

前面我们已经讲过很多有关移动广告的知识，对于移动广告的收费方式却没有涉及。下面我们就其中几种主要的收费方式来进行介绍。

1. CPM

这是一种按访问人次收费的方式，一般是以千人为单位衡量，即千人成本。其计算方式如下。

CPM=（广告费用/到达人数）×1000

2. CPC

这是一种以单击次数收费的方式，一般是每单击一次计算一次费用。这种方式对单击率有所限制，可以起到很好的预防作弊的作用。

3. CPA

CPA是以广告的实际投放效果进行计价收费，而这种方式的计费依据是客户进行有效回应的问卷或订单，并不限制广告投放量。需要注意的是，这种计价方式对网站往往会有一些风险，但如果投放广告成功，收益也会相当可观。

4. CPS

这是一种按照产品的实际销售提成为标准，换算广告金额的方式。换句话说，这是一种在成功销售的基础上，抽取一定量佣金的合作方式。这种方式可以在很大程度上为广告主规避现有的广告费用风险，比较适合具有可查看或可支付功能网页中的商品使用。

除此之外，移动广告还有CPD（按天收费）、dCPM（依据不同投放效果进行实时计算）等不同收费方式。广告主需要对移动广告平台的稳定性以及媒介资源深度等因素进行综合性考量，从而选择出适用于自己的收费方式。

【案例分析】

MINI COUP Hunting大作战移动广告

BMW Japan的CEO曾组织了一次长达9天的移动广告宣传活动。其利用智能手机的GPS捕捉MINI最新款双门轿跑车，这也成为这次移动广告的最大卖点。

MINI COUP Hunting这一游戏与捉迷藏有些相似，只要大家下载App，即可通过地图搜索到虚拟MINI COUP的位置，也就是游戏中所谓的猎物。一旦参与游戏者距离猎物50米以内，即可有机会捕捉到猎物。参与者在地图上可以看到蓝色“YOU”的标志，也就是自身的位置，而红色“MINI COUP”的标志则是猎物的位置。与此同时，地图上还有很多黑色标志，它们代表的是其他参加游戏的参与者，也就是你的竞争对手。一旦你捕捉到猎物，那么你自己同时也就成为其他参与者的猎物，大家会设法来捕捉你的虚拟MINI COUP。在整个游戏过程中，每个参与者的手机中都设有雷达应用程序，大家通过GPS来进行实时连接。在该活动的9天进程当中，虚拟MINI COUP不断在不同的参与者之间易手。而在活动结束时，虚拟MINI COUP在谁的手中，谁将得到一台真实的MINI COUP。

案例分析：

BMW Japan所发起的这一游戏充分利用了移动广告的互动性和扩散性。游戏一经发出就成功引起了多方的关注，游戏每天的进程也被拍成视频在YouTube上播出，而BMW Japan也成功将主题“MINICOUP 车主拥有年轻的心”深深刻在众人的心里，实现了移动广告营销的最终目的。

【实战训练】

1. 对于移动广告营销你有什么感受?
2. 你认为移动广告营销对于当前的营销趋势有什么改进的地方?
3. 你曾做过哪些移动广告营销，效果如何?
4. 你是如何布置移动广告营销的进程的?
5. 对于移动广告营销来说，你觉得最重要的点在哪里?
6. 你认为移动广告的收费方式适合中小型企业吗?

第6章 新媒体营销总结与注意事项

学习目标

1. 了解并总结新媒体营销内容创作的要点。
2. 了解并总结新媒体营销影响力传播的方法。
3. 了解并总结新媒体营销如何提高客户“三感”。
4. 了解并总结新媒体营销全民链接的方法。

通过本章的学习，读者将对新媒体营销的重点进行总结，并能从实践角度出发，在内容创作、影响力传播、提高客户“三感”和全民链接等方面做好充分的准备。

6.1 打造优质内容

优质的内容不仅可以让客户获得产品信息，同时还能了解产品信息、促进信息交流，并对企业产品产生信任。在这个以内容为王的时代，打造优质内容是各大企业不容忽视的重点方向。

6.1.1 内容创作的四大要素

从前面所讲的内容中我们不难发现，任何一种新媒体营销方式都离不开优秀的内容做保障。那么好的营销内容需要具备哪些要素呢?

1. 火热的选题

要想做好内容，首先要做好选题。那么如何来选材呢？当然是客户喜欢什么我们就选什么。因为客户喜欢搞笑段子、脱单和减肥等题材，所以才有了红遍网络的“友谊的小船说翻就翻”以及2017年众人疯狂追电视剧《三生三世十里桃花》的现象，还有随之而来的热点标题“素素快跳诛仙台”“手撕玄女素锦”等。虽然热点话题说变就变，但只要迎合客户的喜好，就永远都是热点。好的选材必须符合客户的需求，但也要让自己的领域与热点挂钩才能引起客户的共鸣。

2. 诱人的标题

标题做得诱人，才能引起客户的好奇心。从某种程度上讲，客户会不会点你的文章，取决于你的标题够不够诱惑。

以“芥末微报”为例，其独具一格的诱惑文笔吸引了一大批粉丝。如标题“我该将什么颜色的口红印在你的白衬衫上？”虽然看似朦胧，但适当的留白却激起了客户的好奇心，忍不住想要点进去一探究竟，这就是诱人的标题所带来的巨大影响力。

3. 精练的正文

有了好的标题，还需要有足够精练的正文。正文内容一定要有重点，并且进行精化，不要废话连篇。

同样以“芥末微报”为例，口红和衬衫这一故事将以怎样的形式展开？作者不但对场景进行了细化，还将角色代入其中。这让客户感觉自己不再是奔命于工作的上班族，而是依偎在爱人身边的可人儿。整篇文章看完会让人内心涌起小小的波澜，想不转发都难。

4. 独特的结尾

同写作文一样，新媒体的内容创作也要有足够独特的结尾才能吸引人。

以“六神磊磊”为例，惯以讽刺为名的“六神磊磊”擅长将热点嫁接到对金庸小说人物角色的讽刺上来。其独特的见解通常也会放在文章内容的末尾，利用不一样的发声吸引了众多粉丝的关注和转发，让千篇一律的复述性文章相形见绌。

6.1.2 内容写作的六大技巧

在新媒体营销过程中，内容的创作要达到一次分享就可带来 n 倍价值的目的是很多人的梦想。但要想让粉丝分享你的内容，就要掌握一些必备的写作技巧。

1. 内容故事化

我们在前面不断提到，大部分人都喜欢听故事，所以你的内容若以故事的形式呈现就会更容易吸引大家读下去。而学会讲故事，是新媒体营销内容创作必备的写作技巧之一。在讲故事之前，首先一定要弄清楚自己想要传达给粉丝什么样的诉求，然后让整个故事都围绕这个诉求来进行；同时一定要弄清楚你的粉丝是谁，进而从粉丝的角度反过来推导自己故事内容的创作。因此，讲故事要时刻考虑以下几点。

（1）我的故事能让粉丝了解他们不知道的事情吗？

（2）我的故事能为粉丝带来真正的价值和好处吗？

（3）我的故事能引起粉丝的情感共鸣并采取一定的行动吗？

2. 拥有点睛之笔

在移动互联网时代，人们的碎片化时间得到了充分利用，而粉丝的时间就是新媒体内容营销的重中之重。要想将粉丝的碎片化时间集中到自己的内容创作上，就要将内容做得简洁通俗，而不要废话连篇。例如，像做 PPT 一样精简，找到每一句话的点睛之笔。

与此同时，文章内容还要直击粉丝痛点。因为其抓住了粉丝的痛点，才会引起粉丝的重视。所以撰写内容时，一定要找到点睛之笔，这样才能充分调动起客户的敏感神经，并愿意花时间去看你的内容。

3. 数据图示化

正如上文所讲，客户利用碎片化时间阅读你的内容，那么换来的肯定是一种浅阅读形式。浅阅读最大的特点就是缺少耐心，这样一来要想获得阅读收获将会很困难。因此，要想让碎片化阅读达到更好的效果，就要用图示化（见图 6-1）的方法代替大量文字和数据，让内容呈现形式更加直观。

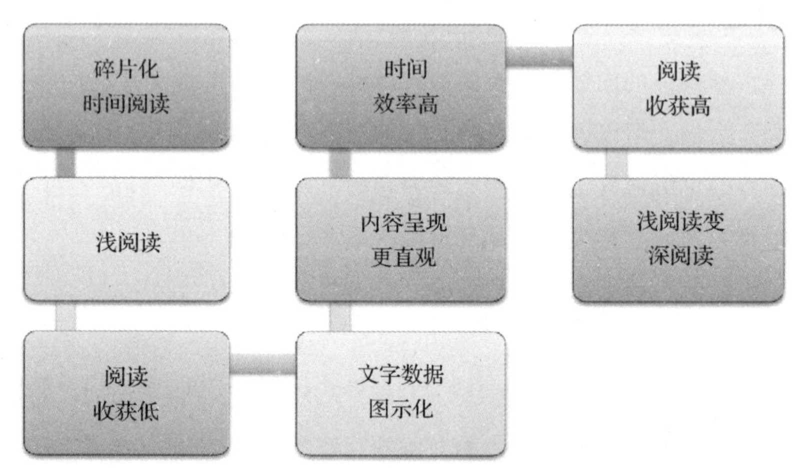

图 6-1　为什么要实现数据图示化

4. 巧妙使用修辞

语言本身就是巧妙而充满魅力的，再加上运用比喻或者隐喻就可以使文章达到意想不到的效果。

5. 充分利用美图

碎片化时间阅读除了将文字数据尽量图示化之外，还要尽可能多地选用精美图片。因为好看的图片和动画，甚至是短视频更容易吸引粉丝，也更能满足粉丝的视觉需求。需要注意的是，在图片的选择上一定要多加考虑，否则选错了图片或者图片使用极不恰当，将是非常倒粉丝胃口的一件事，会让粉丝瞬间产生反感，而不愿意再看下去。

6. 体现自己的风格

粉丝通过阅读会对内容的整体风格进行把控，从而会对企业设定一个无形的标签和定位，并对不同的内容抱有不同的期待。因此一定要拥有并保持自己的风格，让粉丝提高对你的识别度。当然，人人都喜欢有新鲜感的事物，但创造新鲜感并不等同于不断变换风格。这样会让粉丝对你的识别度降低，并不是个长久之计，因此创造新鲜感是以坚持自己的风格为基础的。我们需要做的是始终如一地将内容稳定在一定的水平上，想方设法让自己在内容创作上越来越优秀。

6.1.3 易被分享的内容特点

在新媒体营销过程中，我们可以将内容创作分为 3 个级别：第一个级别是能够满足客户需求；第二个级别是能够受到客户喜爱；第三个级别则是能够被客户转发和分享。当你的内容创作达到第三个级别时，推广的目的也就实现了。那么容易被客户转发和分享的内容都有哪些特点呢？

1. 与客户相关

以微信为例，大部分人在朋友圈分享和发送的文章都与自己的生活息息相关，包括美食、工作、生活、家庭、见闻、喜好和态度等。因此公众号文章要想得到广大客户的分享，就应以大众生活为主题。如：

（1）《O型血，上辈子折了翼的天使，不是O型的人不要看，切记！》这篇文章一看标题就与我们的血型有关，因而很容易引起大家的注意。其实凡是与血型、星座和属相等有关的内容都是客户喜欢看的，因此也很容易引起广泛分享。

（2）《太可怕了，有孩子的朋友必须看！》这篇文章则与孩子有关，势必会引起有孩子的家长注意；即便是没有孩子的人，也会为有孩子的亲戚、朋友或同事分享和转发。

其实，所有人对与切身利益有关的文章都会敏感。所以，多关注与人们日常生活相关，或者大家经常遇到和面对的事物，会更容易将读者带入其中，使分享变得水到渠成。

2. 有感官刺激

大部分人都是感性动物，因此所做的每一个决定、每一个举动基本上都是以感情为基础的。那些触动感官的事物更容易激起人类的生理反应，而生理刺激又容易引起情感反应，并以此来驱使我们做出某些行为。所以，在新媒体营销内容上，可以设法调动起读者的感官刺激，促使其出现分享行为。如：

（1）《毒疫苗事件，我们在弄死自己的路上又进了一步》这篇文章就容易使读者产生恐惧的心理，因此也很容易分享，以便所有亲戚朋友都引起重视。

（2）《致贱人：我凭什么要帮你？！》这篇文章既具有场景化，文字所传递的情绪又容易感染读者，这种可视化和感知的文章很容易引起读者的共鸣和分享。

3. 容易激起正义感

每个人的内心都有一股正义感，并对真善美均抱有一定的渴望和追求，因而会对周围所发生的事情进行道德评判，并以此来寻求理解、认可和尊重。也就是说，容易激发读者正义感的文章更容易被分享。如：

"沉默你就变成了帮凶"这句话，很容易让充满正义感的读者分享出去，这要比"分享到朋友圈就有机会获得精美奖品一份"更具诱惑力。因为"沉默你就变成了帮凶"可以塑造出自己的正义形象，从而更易受到他人的尊重。

其实每个人心里都有一定的道德评判，只要抓住这种内心深处对社会的不平心态，就很容易使他们追随于你。

6.1.4 合理植入软文广告

植入软文广告不仅可以节省成本，降低广告的受干扰度，同时广告的营销模式也较为灵活。那么如何在软文中植入广告才不会让客户反感呢？

1. 故事式植入

前面我们反复强调，大部分人都喜欢听故事，内容营销可以以讲故事的形式展现，同样广告植入也可以采用讲故事的形式。不管是企业文化的故事、企业运营过程中发生的事件，或者是企业创始人的创业故事，都是不错的选材。它既可以让客户了解和感受企业文化，又可以对企业产品进行毫无违和的介绍，可谓合情合理又顺其自然。

2. 图片式植入

所谓图片式植入，就是用图片和软文来介绍产品，可以在软文中插入产品的水印或 Logo，使得效果美观自然。当然，也可以直接配上有关产品的宣传图。需要注意的是，图片做得好不仅可以吸引客户的眼球，同时还可以赋予产品人格魅力，让产品品牌与客户紧密联系在一起，进而使广告植入变得更加自然。

3. 段子式植入

很多人都喜欢好玩儿有趣的段子，因为这些段子幽默中带有一丝人生感悟，在给平淡的生活增添惬意的同时，还能让大家悟出很多人生哲理。由此可见，企业如果能够将广告植入段子中，不仅不会让客户反感，反而会使其为自己精妙的创意点赞。

4. 热点式植入

在移动互联网时代，时时刻刻都可能出现舆论热点，而这些热点也是大家最常关注的内容。因此可以利用热点来设计广告，潜移默化地将广告带到客户跟前，这样客户非但不会反感，反而会赞叹这种想法的精妙。

5. 视频式植入

视频式植入就是在软文中插入与企业或产品相关的视频，以及语音介绍。有条件的可以邀请明星来录制，或者让企业老板或相关负责人来录制。总之，录制人最好有一定的知名度或影响力，这样才会更有说服力。

6. 体验式植入

很多人喜欢在朋友圈里晒生活、晒感想、晒经验，在这一系列的“晒”中常常会涉及自己使用的产品或服务，而通过这种方式传播达到的口碑效应是非常强烈的。所以建议企业开展活动，设法让客户将自己对产品的体验表达出来，并通过奖品鼓励的方式激发其传播品牌的愿望。

其实软文广告植入的方式有很多，但一定不能忽略客户的兴趣和体验，这样才能真正提高其黏性，最终实现口碑传播。

【案例分析】

绝味鸭脖打造接地气式内容

绝味鸭脖是中国鸭脖连锁的领导品牌，其公众号在内容创作上以“绝小鸭”的形象和拟人化的语言，为客户带来了很多极具喜感的活动形式，赢得了大家的青睐。2013年，绝味鸭脖在“最难就业季”推出了一则有关性格与职业的测试性内容。该内容一经推出就收到了74.6%的高回复率，同时公众号也因此涨粉37.5%。

案例分析：

通过上述案例我们不难发现，绝味鸭脖依靠蹭热点打造的接地气式内容受到了广大客户的青眯。其在内容的创作上不仅以现实生活为场景，而且抓住了客户的痛点，再加上与热点的碰撞，很容易引来众人关注的目光。所以公众号的内容推送不在于多，而在于精，只要把握客户的喜好、关注生活场景，就很容易使自己成为万人瞩目的焦点。

【实战训练】

1. 在做新媒体营销时，你是如何打造内容的？
2. 你的内容阅读量如何，分享转发率又如何？
3. 你是如何在内容中植入广告的？
4. 在尝试进行广告植入后，你的阅读量有没有变化？粉丝量有没有变化？
5. 除了本书中提到的有关内容打造的方法之外，你还知道哪些切实可行的内容打造技巧或方法？
6. 你知道哪些在内容打造方面较为成功的案例？请列举 3 个典型案例。

6.2 注重影响力传播

企业除了要注重产品质量之外，还要注重产品品牌以及自身的影响力传播，这样才能有效提高营销效果。常见的影响力传播方法包括明星传播、专家传播、自媒体传播、意见领袖传播和网红传播等。

6.2.1 明星传播

明星传播，简而言之就是借助明星的人气进行品牌的传播。常见的明星传播是以明星代言人的形式进行的品牌传播活动。

玫瑰一直被视为爱情的象征，Roseonly 则将这份爱情做到了极致。Roseonly 在刚上市时，就以“一生只送一人”的定位在 7 天内聚集了 20 万的粉丝。能有这样的吸引力，源于其明星传播用得好。

明星传播可以影响到很多具有感性思维的粉丝。这些粉丝对偶像有着较高的忠诚度，而偶像的生活方式则直接影响着他们对自己生活方式的选择。当李小璐第一个转发 Roseonly 的同时，也引起了其他明星一起转发的多米诺骨牌效应。一时间，Roseonly 在明星粉丝间获得了大范围的传播，其中有的明星粉丝甚至转化成了 Roseonly 的粉丝。

其实，Roseonly 之所以有这么大的影响力，还有一方面的原因就是其成功吸引了互联网大 V 的关注并引发了热烈的讨论，而这个传播通道则是主要对准了理性的粉丝。明星传播和互联网大 V 交叉作用，创造了 7 天内吸引 20 万粉丝的营销奇迹。

Roseonly 给我们的启示是：品牌的打造可以利用社交媒体快速实现，而明星传播则加速了这个过程。当然在传播的过程中，我们一定要确保产品的质量不会出现任何问题，这样才能在给客户最好体验的同时成功将明星粉丝转化为产品粉丝。

6.2.2 专家传播

什么是专家传播？就是利用专家的影响力与权威性对社群和社群内容进行传播推广，以吸引更多人的关注和支持。

那么怎样才能把自己打造成专家呢？

1. 创作高价值文章

要想成为专家，就要具备较深厚的文字功底，能够撰写与推广内容相关的优质文章。除此之外，文章还要具备较强的传播性。这就需要我们为文章起一个足够醒目的标题，如《让你轻松搞定还价行为的 36 条锦囊妙计》；并设计一个有效的鼓励转发机制，如在文章最后提醒读者“如果你觉得好，请告诉你的朋友”。

2. 利用视频传播

经常受到曝光的人，其知名度自然会更高。所以，我们可以通过录制视频的方式，每周或是每天发布一些传播视频，以增加自己的露脸机会。因为在移动互联网时代，相比于文字而言，人们更喜欢关注视频，也更相信视频中的内容。通过视频进行传播可以凸显出更大的营销推广价值，从而吸引更多人的关注。

3. 形成知识体系

专家一般都有自己令人信服的知识体系，而打造知识体系的方法可以分为以下两种（见图 6-2）。

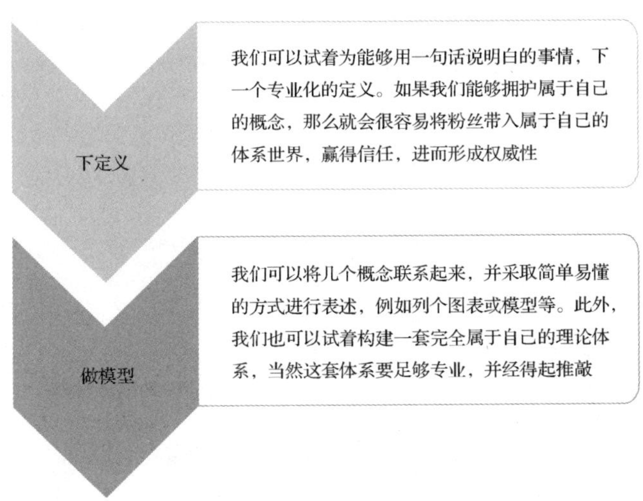

图 6-2 打造知识体系的方法

6.2.3 自媒体传播

在前面的章节我们提到过自媒体营销，而社交中常用到的微博、微信、博客、贴吧、论坛等网络社区平台都是自媒体。自媒体在传播主体上有着多样化、大众化和平民化的特点，在传播上则有着速度快和交互性强等特点。

在自媒体传播上，有四种误区需要大家注意。

1. 缺少主见，不用心制作内容

很多做自媒体的个人或企业都认为开个微信公共号或博客就能吸引厂商往自己身上投钱了，也就是说他们只是为了拿到钱、为了能有炫耀的资本而并不重视自媒体内容的质量。久而久之，这样的自媒体就会逐渐失声。还有一类人因为没有固定的内容来源，于是就去各大媒体找内容、抄内容，时间长了就会发现粉丝数量涨不上去了。这是因为抄来的内容缺乏特色，会让读者感到千篇一律，从而失去竞争力。

2. 以传统方法做自媒体传播

传统媒体和自媒体有着很大的不同：传统媒体可能更注重内容的客观性和态度的中立性，而自媒体则更强调自我精神及态度立场的鲜明。如果以传统方法来做自媒体传播，可能刚开始感觉良好，但时间长了就很容易会被淘汰。

3. 不能做到连续出高质量的内容

自媒体要想获得长足的发展，就要充分发挥粉丝的重要作用。只有聚集了众多的读者，才有可能得到广告商的赞助。如果不能做到连续产出高质量的内容，就会导致读者的流失率提高。当前是一个信息爆炸的时代，读者很容易找到新的吸引力，自媒体想把原来的读者再拉回来，就会比原来花更多的成本。内容优质的自媒体影响力会随着时间的推移而不断变大，所以要紧跟时代步伐，连续出高质量的内容。

4. 没有清晰的定位

自媒体在表现形式上，可以是社交活动、职位招聘，也可以是心灵鸡汤等；在行业表现上也是多种多样，如互联网 IT 业、汽车行业、服务行业等。说了这么多，其实只要抓住一点即可，那就是要有自己的定位，这才是核心。有了独特的定位，就有了自己的特色，也就增加了读者记住自己的可能性。

例如，《关爱八卦成长协会》是在优酷自频道播出的一档互联网娱乐节目，节目以对娱乐圈八卦的独到见解为主，成功吸引了众多粉丝的关注。

6.2.4 网红传播

提到网红，我们一定都不陌生。咪蒙、同道大叔，淘宝网红张大奕、赵大喜，新晋网红傅园慧等，各种各样的网红层出不穷，不断吸引着人们的注意力。网红在传播上有着以下特点。

1. 信息传播方式的改变

传统的信息传播方式是靠门户网站发布新闻信息，或网民通过互联网查看信息；而现如今每个接入互联网的网民都是信息者，他们可以利用社交平台去影响自己的圈子。网红就是以这样的传播方式去影响自己的粉丝的。

2. 信息生产的便捷性

在社交网络还没有推出之前，推网红是需要有专门的经纪公司去运作的；在社交网络出现后，即使没有经纪公司，单纯借助社交网络也可以将自己打造成一个网红。

傅园慧的走红就是一个例子。虽然其本意并不是想要成为网红，但在社交网络的催生下其走红变得顺其自然。

3. 信息传播的多样化

在互联网时代，信息的传播不再以文字、图片等单一的形式出现，而更多的是以视频、直播、VR 等形式出现。这样能让网红的粉丝有更多的参与感和真实感，让网红更接地气、更真实，让他们之间拥有更多情感上的交流。

【案例分析】

萌店与同道大叔的合作

同道大叔是一个在微博上有着千万粉丝的星座博主，其粉丝有一些共同特点引起了萌店的注意：18～35 岁的都市白领，有情感诉求，也有网上购物的需求。于是萌店旗下的跨境频道就联合同道大叔在 2016 年 5 月 20 日那天发起了拼团大战，将同道大叔的“十二星座恋爱通病”植入萌店国际的热销产品，在给客户带来新奇体验的同时，通过鼓励分享的形式还调动了客户参与的积极性，提升了萌店国际的知名度，带动了产品的销量。当然，最后取得的效果可以说是一箭双雕。萌店国际成交率达到了 84.8%，效果惊人；同道大叔微信公众号阅读量也超过 10 万，网红变现能力突出。

案例分析：

萌店与同道大叔的合作，无疑利用了网红传播效应。由于同道大叔的粉丝与萌店的目标客户群相符，因此只要同道大叔帮助萌店进行传播，那么其粉丝自然而然也会遥相呼应。网红对于这些粉丝来说具有一定的明星光环，粉丝对网红也有一定的忠诚度，网红的生活方式也会影响粉丝的关注点。萌店与同道大叔的合作，可以说为其成交率的提升打下良好的基础。

【实战训练】

1. 在做新媒体营销时，你是如何进行影响力传播的？
2. 你认为本书提到的影响力传播方法有效吗？为什么？
3. 你认为利用明星传播和利用网红传播有区别吗？为什么？
4. 在进行自媒体传播时，应该注意哪些问题？
5. 你在自己的领域里有没有塑造过意见领袖？效果如何？

6.3 提高客户“三感”

客户“三感”指的是参与感、成就感和尊重感。对于企业来说，客户即粉丝，粉丝群也是一种影响力。这种影响力更多的是以一种无形的力量推动着粉丝群成员进行传播。

6.3.1 参与感

要想充分调动粉丝的积极性，首先就要让粉丝参与进来。提到参与感，就不得不说小米。小米通过参与感打造的“米粉”令很多公司和个人艳羡不已，并纷纷进行模仿，希望能够打造出属于自己的“米粉”，然而真正成功的却少之又少。为什么会出现这样的现象呢？原因很简单，那就是没有使粉丝真正融入并参与到企业的运营体系之中。

在进行新媒体营销的过程当中，粉丝的重要性不言而喻，而使粉丝产生参与感，愿意参与到企业的各类活动之中，则是决定企业能否获得长远发展的关键要素。一般来说，粉丝参与感的产生需要具备以下几个条件。

1. 表达自己的目标

我们的目标不能只是自己知道，还要让粉丝都清楚，并理解我们这样做的意义所在。比如建立一个运动品牌，就是为了给爱好运动的人们提供具体指导，分享健身经验，并引导大家购买合适的运动类产品。因此要将目标明确地表达出来，以便每个粉丝都清楚地知道。这样做有利于吸引有这方面需求的粉丝注意，促使他们主动参与到我们的各类活动中，进而产生参与感。

2. 让粉丝产生信任

要想获得粉丝的信任，就要多为粉丝做一些与直接利益无关的事。例如，与粉丝代表在线下见面，一起去买衣服、唱歌、旅游；为粉丝提供各种生活中的小建议，把粉丝当作是一起玩的朋友，而不是产生利益的对象。这样做很容易使粉丝对我们产生信任感，从而达到提升粉丝黏度的目的。

3. 情感互动

粉丝都是具有情感类需求的，一旦他们的此类需求得到满足，就会对企业产生好感，并愿意参与到企业的各种活动中去。例如，通过微信发红包，线上赠送一些代金券、优惠券，或是制作音乐版动态微信赠送给精英粉丝等。这些方法都很容易使粉丝产生归属感与好感，从而增强对企业的支持力度。

6.3.2 成就感

若想培养忠实粉丝，只是激发其参与感并不够，还需为他们提供出色的个性化体验，令他们在体验的过程中产生成就感，这样才能获得他们的长期支持。

1. 表达自己的感恩之心

企业的成功离不开粉丝的支持。企业一旦有了自己的忠实粉丝群，就要好好经营和管理。所以，无论在什么时候都要对粉丝保有一颗感恩的心，耐心解答粉丝提出的问题，并对粉丝的支持行为表示感谢。尊重和感恩都是相互的，只有对粉丝的情感体验做到足够重视，才会使粉丝成为自己坚定的支持者。

2. 以体验为导向做设计

企业可以在自己的微信公众号、QQ 或网站店铺中进行精美装修和设计，给粉丝提供出色的体验享受，以激发他们的情感共鸣。值得注意的是，此类设计需要符合目标粉丝群的审美观点和相关偏好，这样才能取得最大化的正面效果。

3. 激发粉丝的感性因子

大多数粉丝会受到感性因子的主导，一旦对某个企业的产品产生信赖，就会一直支持下去。但如果企业产品质量出现问题，长期下去就很容易让粉丝回归理性，而逐渐对企业感到厌烦。在这种情况下，要想在较长时期内保持粉丝的忠诚度，不仅需要保证产品质量，还需要学会主动激发粉丝的感性因子。

例如，2003 年清华清茶报纸广告“老公，烟戒不了就洗洗肺吧”，就一下触动了万千家庭主妇的内心情感，获得了她们的支持，取得了非常好的宣传效果。

4. 体验要有明确的主题

个性化体验需要有一个明确的主题。可以设计一种线上主题活动，如中秋大摇奖等；利用主题道具精心宣传，如游恐龙主题公园或揭秘史前恐龙知识等；或是借用某一热门话题形成主题，并展开借势宣传。

例如，"2016 里约奥运会中国女排夺冠，看看女排姑娘们都喝了什么"等。当我们将体验的主题明确化时，会在很大程度上激发粉丝的关注和参与兴趣，从而取得良好的宣传吸粉效果。

6.3.3 尊重感

粉丝最需要的是什么？有人说是参与感和个性化体验。这些确实很重要，最重要的却还是受人尊重的感觉。因为没有人希望自己付出了情感和行动上的支持，换来的只是高高在上的敷衍，那将是一种情感上的无视和侮辱，会令粉丝无法接受。总体来说，尊重感包括以下几个方面。

1. 杜绝"势利眼"

每个粉丝都是平等的，绝不能因为一方购买了我们推荐的产品而另一方没有购买就区别对待。只有做到一视同仁，对每一位粉丝都保持最大的热情，才能赢取粉丝最大的好感。

2. 保持相似的谈话模式

现在很多网络用语都很流行，我们在聊天时也经常使用。但是一些中老年人，或是性情比较正统古板的人群，却对此类用语很是反感，甚至会造成沟通障碍。如果遇到此类粉丝，我们就要与对方保持相似的谈话模式，以促进友好顺畅的交流。

3. 尊重粉丝的选择

粉丝所做的每一个选择，包括认同或否定我们的观点和产品、取消对我们企业的各项关注、购买其他企业的产品等，我们都要保持足够的尊重，不能反驳，更不能表达不满，这是一种气度的体现。

4. 聊天时要说最后一句话

当我们与粉丝单独聊天时，我们要说最后一句话，哪怕是个"拜拜"也行。这样做能使粉丝在心理上产生受尊重感，并因此增加对我们的好感。

5. 专心对待每一位粉丝

每一位粉丝都是我们的衣食父母，因而需要我们认真对待。所以在回复粉丝的疑问时，一定要认真编辑，不能从别处复制粘贴，更不能搞群发消息。只有这样做，才能体现出我们对粉丝的充分尊重。

【案例分析】

“京选”的粉丝群营销

“京选”是一款白酒，由泸州老窖和京东联合打造。在进行推广时，京选采用了粉丝群传播的方式，与微社群联盟，在短短一周的时间内，获得了广泛的口碑好评；并于2015年6月18日京东狂欢节当天，创造了酒类销售第一的成绩。那么京选是如何进行粉丝群营销的呢？在推广前期，京选已经通过和微社群联盟，成功建立了3个成员500人左右的品酒群。建立粉丝群以后，下面要解决的问题就是如何活跃粉丝群。他们策划了一个线上活动，以交互性强的HTML5配合饮酒知识问答，巧妙地吸引了粉丝参加活动答题的兴致，并且在活动的最后会在每个群里选择前50名赠送京选酒。通过第一步“京选”酒有了较为精准的活跃粉丝，第二步则需要让粉丝自己产生互动。于是，项目组提出了让粉丝自己成为京选酒代言人的想法。如为“京选”写诗、“京选”问答、“京选”模仿秀等，这些互动都被酒友分享到了朋友圈内，同时也提高了粉丝的成就感。

案例分析：

京选在进行粉丝群营销时，非常注重客户的“三感”。其不仅搭建了粉丝群，同时还通过线上小活动与粉丝建立起共同的话题，减少了彼此之间的隔阂感。与此同时，京选还鼓励粉丝自己成为京选酒代言人。“京选”做的这次粉丝群传播营销，为那些想要在推广方式上有所创新的企业提供了全新的视角：培育粉丝、让客户参与、积累客户，这个三步走战略能让企业尽快进入市场。

【实战训练】

1. 在做新媒体营销时，你是否积聚了一定的粉丝？
2. 你认为维系粉丝最重要的是什么？
3. 你的粉丝群参与度高吗？为什么？
4. 你是否尝试过利用各种活动提高粉丝积极性和参与度？效果如何？
5. 在提高粉丝尊重感方面，你做过哪些努力？效果如何？
6. 你对“客户即粉丝”这句话是如何理解的？

6.4 实现全民链接

我们经常听到有人说：“这是一个全民链接的时代！”什么意思呢？就是在移动互联网时代下，

通过智能手机和移动端社交软件，把普罗大众联系到一起，形成的一种全民社区化、无障碍交流沟通的创新型时代。在这种趋势下，利用新媒体展开高效便捷的营销经营活动，才更容易实现新时代下的新发展！

6.4.1 抓住流行性因素

要想实现全民链接，首先要做的就是抓住流行性因素。什么是流行性因素呢？就是当前十分火热、引发大量客户关注的信息或话题。能够及时抓住流行性因素，并将其融入自己的营销活动中，才更容易取得事半功倍的营销效果，从而吸引大量客户的关注，进而产生最大化的经济价值。

流行性因素主要分为以下几个方面。

1. 时尚

当前流行的服装款式，当前流行的食物饮品，当前流行的电影或电视剧，都可以归入时尚的范畴。我们可以从中找到流行性的因子，进行利用和再创造，并将其融入具体的营销过程中，引发客户的关注兴趣。

例如，风靡一时的“甄嬛体”，就是借助电视剧《甄嬛传》的火热，被很多商家利用，形成了一种独具古风韵味的营销文体，并取得了良好的营销效果。

2. 新闻

大众一般都有关注新闻的习惯，一些有较大影响力的新闻甚至会在人群中引发持续的讨论，从而造成某种社会化影响。所以我们在做营销时也可以借助当前的重点新闻，展开营销活动。

例如，腾讯新闻、今日热点等，都是很好的新闻平台。我们可以对其中出现的时事新闻进行适当利用，让其为我们的营销活动服务。

3. 热点

热点类信息往往会在特定人群中引发较大反响和持续讨论，如果在此基础上添加营销类信息，往往会在目标人群中取得很好的宣传推广效果。

例如，针对小皇帝詹姆斯在骑士取得首个 NBA 总冠军这一热点，就可以展开诸如“小皇帝骑士首冠，他最感谢的竟然是××产品”之类的营销活动。这样往往可以在篮球迷中取得不错的关注效果，进而引发购买行为。

6.4.2 符合普世价值

普世价值是什么？按照一般意义上的解释，就是符合普罗大众根本价值观的社会认知。而对于新媒体营销来说，就是符合社会法律、社会公德以及行业准则的相关要求。

1. 符合社会法律

我们在开展经营活动的过程中，首先要做到的就是合法经营。在筹资、投资、经营等各方面做到符合相关法律规范，做一个奉公守法的经营者。这不仅是我们的责任所在，也是为了避免因触犯法律受到法律的制裁，从而造成经营失败的恶果。

2. 符合社会公德

在符合法律规范的基础上，我们还要恪守社会公德的要求，做一个保持道德底线的经营者。例如，在经营活动中注意保护环境，在与客户的交流过程中使用文明用语，热心帮助客户解决各类困难等。这样做对于展现品牌形象、赢取客户信任具有十分重要的意义。

3. 符合行业准则

行业准则是某行业权威机构制定的、得到广泛认可的业内行为规范。此类准则同样需要我们去严格遵守，避免恶性竞争、钻法律漏洞等不良行为，进而展开健康、稳定的经营活动。

6.4.3 引发裂变效应

在移动互联网时代，关系链传播越发火爆，社会化营销进一步升级，一条出色的创意信息往往会引发大量粉丝的关注和转发，最终产生裂变效应。而裂变效应很容易传播商家形象，形成认知度、认可度均较高的产品和经营品牌，这对商家来说意义十分重大。

那么怎样才能引发裂变效应呢？

1. 内容驱动

内容驱动是社会化营销中十分经典的传播方式。一个用心打造的好内容，无论其表现形式是文字、图片还是视频，都容易引发大众的关注兴趣和共鸣感，从而产生良好的传播效果。

前段时间热播的《人民的名义》，以检察官侯亮平的调查行动为叙述主线，讲述了当代检察官维护公平正义和法治统一、查办、贪腐案件的故事，引发了观众、网友的共鸣，对反腐重要性作了很好的宣传。

2. 产品驱动

产品驱动是通过一个很有创意的新产品，引发大众的持续关注与参与兴趣，进而取得出色的推广效果。

例如，微信红包、脸萌、围住神经猫等，就是此类产品中的典范。

3. 技术驱动

技术驱动也叫作数据驱动，是在对客户个人数据和个性化营销数据进行收集分析的基础上，利用数字技术打造的智能化应用。

例如，微软小冰，就是技术驱动的典型例子。其智能化的交流互动功能，引发了很多客户的关注兴趣。

4. 趣味驱动

趣味驱动也是一种容易引发裂变传播的方式。此种方式符合网络文化与网友心理特点，对年轻一代客户的吸引力较大，往往会在目标人群中取得很好的传播效果。

例如，成龙 Duang，就是以其趣味性引爆微博和微信的。

其实，不管是哪种方式，要想引发裂变效应，都要归于“人性”上，即符合大众的理性化认知和情感需求。只有这样，才能使客户心甘情愿地进行转发，从而引发真正的裂变效应。

6.4.4 建立社交关系链

要想做好移动电商营销活动，建立与客户间的社交关系链就必不可少，而其中的关键便在于情感联系。

1. 以沟通赢取信任

在产品高度同质化、竞争无比激烈的商业时代，只卖产品、不讲沟通已经无法取得良好的售卖效果。因而我们要以客户为核心，在友好互动中了解客户的真实需求，然后根据这些需求改进产品和经营措施，以满足客户对产品或服务的需求，赢取他们的信任和忠诚。

2. 注重广告体验

在构建社交关系链的过程中，推送广告必不可少。然而，这一环节却是很容易引发客户不满、使其对商家产生不良印象的部分。所以我们在推送广告的过程中，要尽量做到人性化，重视定向推送与体验感，以赢得客户最大程度的好感。例如针对学生群体的推送，就最好是选择其休息时间或假期时间来进行，以免影响到他们的正常学习，进而引发他们的厌恶。

3. 注入情感因子

只有客户接受了商家的情感，才会接受商家的产品。所以，我们要将情感因子注入产品经营的各环节中，以求最大程度地满足客户的情感类需求。我们可以制定合理且寓意良好的价格，如168元，谐音"一路发"；也可以进行蕴藏丰富内涵的包装，在公关环节中注重与客户的情感交流，提供诚挚、温馨和贴心的服务等。这些手段很容易赢得客户的支持和好感，使商家在激烈的市场竞争中取得优势地位。

【案例分析】

有声有色的国家博物馆

为了紧跟时代潮流，吸引客户眼光，国家博物馆微信公众号推出了微信语音导航功能，只要客户向公众号发送关键词，就可以收到相关自助导览。不仅如此，该公众号还设置了名嘴献声来提高客户服务体验。"道法自然——大多会艺术博物馆精品展"就使用了名嘴的解说词。语音解说的形式不但使客户参展的过程变得更加方便，同时还让客户感到贴心可靠，从而拉近了公众号与客户之间的距离。语音导航功能本身就创意十足，十分便利，再加上名嘴参与，进一步提高了客户关注公众号的积极性，并因此实现了裂变反应，让更多的人关注该公众号，使得国家博物馆的受欢迎程度进一步加深。

案例分析：

实现全民链接首先要做的就是抓住流行性因素，在这一点上国家博物馆推出了微信语音导航功能，并将其融入自己的营销活动当中。与此同时，还利用名嘴献声来引发趣味驱动，让更多的人参与到自己的营销活动中来，从而产生裂变效应，进一步提高粉丝参与度。这一做法帮助国家博物馆建立社交关系链，最大化地提高粉丝好感，从而让创意十足的功能和服务化为情感因子注入粉丝内心，使得国家博物馆的受欢迎程度进一步加深。

【实战训练】

1. 在做新媒体营销时，如何才能抓住流行元素？
2. 你认为全民链接与内容营销有什么联系？
3. 在普世性上，你是如何做的？
4. 要想实现裂变效应，企业应该满足哪些条件？
5. 你认为建立社交关系链与维系客户关系有什么联系？
6. 在建立社交关系链上你是如何做的？有什么建议或意见？

第7章 行业新媒体营销典型案例分析

学习目标

1. 了解不同行业的新媒体营销特色。
2. 了解不同行业的新媒体营销方法。
3. 能从各行业营销案例中总结经验。

通过本章的学习，读者将对各行业新媒体营销的特色和方法进行总结，并能从实践角度出发，运用到实际新媒体营销操作中。

7.1 餐饮业营销方案与案例分析

雕爷牛腩（见图 7-1）是中国第一家“轻奢餐”餐饮品牌。它主营新中式创意料理，以牛腩料理为特色。其中，烹饪牛腩的秘方是以 500 万元从“食神”戴龙购买而得。餐厅开业后进行了为期半年的封闭测试，通过抽奖活动积累粉丝，邀请大 V、明星、媒体到店免费品尝，在微博上进行广泛的传播。在封闭测试期间，不断地测试服务、优化菜品、筛选供应商。在正式开业前一天，微博大 V 留几手“巧遇”日本知名女明星苍井空，在微博上引发热议，极大地提高了雕爷牛腩的关注度。雕爷牛腩在成立一年时，已开设了五家分店，其中两家店获得投资 6000 万元，总体估值高达 4 亿元。

雕爷牛腩的成功离不开新媒体营销。首先，雕爷牛腩将目标客户人群定位为“白领小资类”人群，因为他们对美食有一定的品位、讲究名人效应、注重性价比。其次，雕爷牛腩的半年封闭测试，利用微博进行了宣传营销。在此期间，只有收到邀请的人才能前去试吃，这勾起了人们强烈的好奇心。最后，雕爷牛腩在开业前一天邀请了苍井空，被微博大 V 留几手“偶遇”并转发微博，引起广大网友的关注和热议。由此可见，雕爷牛腩的封测营销是经过精心设计、逐步实施的，因而它的成功自然在预期之中了。

图 7-1 雕爷牛腩

案例总结：

俗话说："民以食为天"，餐饮行业可以说是日常生活中的热门行业之一。但是，热门行业也意味着激烈的竞争。若想在该行业得到更好的发展，就需要企业提升自我效率，花费较少的时间和精力来吸引更多的客户。利用新媒体平台，餐厅就可以得到更好的推广。那么我们该怎么做呢？接下来我们将以微信平台为例，来提供适合餐饮行业的一些新媒体营销方法。

1. 开展微信订餐服务

商家可以开展只要关注餐厅的微信账号就可以订餐的服务，让客户足不出户就能吃到美味的菜肴。这样，一来可以扩大餐厅的粉丝量及知名度，二来可以为客户带来极大的便利。

2. 完善微信服务菜单

商家需要不断完善欢迎语、关键字导航、自定义菜单等服务，使得客户可以在微信服务菜单中了解新菜品、折扣优惠、特色菜品等。这样客户就可以进行自主选择，从而获得各方面的满足，最后增强对企业的忠诚度。

3. 推广二维码

商家可以在店内、宣传单、易拉宝等上面印上餐厅的二维码，通过扫码享优惠等方式来吸引客户的关注。相较于电视广告、报刊广告等传统广告，这种方式可以快速地吸引大量粉丝，从而使餐厅得到很好的宣传。

4. 借助第三方应用

在进行餐饮营销时，商家可以借助适合自身的第三方应用来对产品进行宣传，如微博、美团网、百度糯米、饿了么等。通过客户的评价，商家可不断弥补缺点，提高客户体验，进而使餐厅获得更好的口碑。

5. 双号运营

商家可以开通两个微信公众账号，一个用来宣传餐厅的菜品，另一个用来开展优惠活动。双号运营既有利于餐厅进行品牌的推广，又可以使客户及时享受到优惠。

7.2 服装业营销方案与案例分析

老人头（中国）有限公司（见图 7-2）成立于 1992 年，是一家专注于研发、生产和营销的服装企业。作为一家加盟企业，它如今已形成了较为规范化、运作化的全方位现代化运营体系。那么高起点的老人头服饰是如何进行新媒体营销的呢？

图 7-2 老人头服饰

老人头先将品牌的目标消费群定位于大中型城市。这些消费群体比较追求服装的质量，因此老人头服饰将智能防伪标签加入二维码中，得到了广大消费者的信赖和关注。与此同时，老人头服饰还加大了全国范围内的品牌投放力度，为消费者提供了更丰富的产品，从而提高了新媒体营销的成功率。

老人头将精准定位和防伪二维码相结合，这一举措值得借鉴。创意永远都是一种经久不衰的营销方式，它不仅可以体现在产品设计、营销活动中，还可以体现在二维码中。我们在进行新媒体营销时，要积极开动脑筋，将创意运用到不同的方面。

案例总结：

服装业具有市场变化快、产品类型多样、季节性鲜明、受众广泛等特点。服装业在进行新媒体营销时，既要做到与时俱进，又要具备明锐的市场洞察力，这样才能实现稳步发展。服装业在进行新媒体营销时，要注意以下几点。

1. 明确品牌定位

服装业的圈子很杂，品牌的档次也有高低之分。因此，商家在进行新媒体营销之前，要明确品牌的定位，了解自己品牌的消费群体，并选择合适的地理位置。作为电商，则要选择合适的网络平台。

2. 推广会员制

商家可以将微信会员制度植入二维码中，将二维码在网络平台或实体平台中推广，并给予客户一定的优惠政策，从而打响服装的品牌。

3. 打造精彩资讯

商家可在新媒体平台上发布一些服装搭配等时尚资讯，将这些搭配与自己品牌的服装相结合，以吸引目标群体。

7.3 化妆品业营销方案与案例分析

作为法国的奢侈品牌之一，YSL 圣罗兰主营类目众多，旗下的护肤品、彩妆品更是深得女士的喜爱。YSL 十分擅长利用新媒体展开营销活动。2016 年 10 月，其推出的星辰唇膏产品更是一度刷爆了社交圈子，形成了如“让男朋友送 YSL 星辰”“我怀念那位不懂 YSL 的女孩”等热点话题，可谓新媒体营销中的成功典范。

YSL 星辰唇膏（见图 7-3）的成功，首先是通过微博、微信等平台发布与“爱情”相关的各类文章，并在文章中巧妙引入产品，令人们相信星辰唇膏代表了美好的爱情，从而吸引了很多年轻人的关注。其次是通过微博营销号、微博大号等纷纷跟进，推送营销文章，彻底将 YSL 的新品引爆，从而使产品取得了极佳的传播效果。

案例总结：

化妆品业近年来也在通过新媒体开展营销活动，并取得了不错的营销推广效果。例如，香奈儿、韩束等化妆品品牌，就充分利用微信平台、电商平台等网络平台，积极推广和销售自身产品。那么化妆品企业的具体营销策略都有哪些呢？

图 7-3　YSL 圣罗兰唇膏

1. 搭建微电商平台

化妆企业需要构建属于自己的微电商平台，主要可以借助淘宝和天猫平台，当然也可以根据需要选择如京东等第三方平台。

2. 线上结合线下

化妆企业在开展营销活动时，需要遵循线上引流、线下体验的总原则，将线上流量引到线下体验店或活动场所，然后展开体验、促销等活动，以达到宣传品牌和产品、引发购买行为的目的。

3. 建立佣金制度

建立健全以老带新的佣金制度，鼓励每一个老客户推广产品，并规定每带来一个新客户就可以得到一定的物质奖励。这样做能够在很大程度上激发老客户的推广热情，从而产生病毒式传播的效果。

7.4　日用品业营销方案与案例分析

众人皆知的六神花露水（见图 7-4）是由上海家化联合股份有限公司于 1990 年推出的一个花

露水品牌，自面世以来便占据了市场 70%的份额。随着互联网的不断发展，六神花露水作为一款老品牌，也紧跟时代潮流，玩起了新媒体营销。

图 7-4　六神花露水

六神花露水与自媒体人“王左中右”合作，借助“王左中右”的文章《乾隆抛弃大明湖畔的夏雨荷其实另有隐情》，对六神花露水进行了宣传推广。

“王左中右”在该文章中，对《还珠格格》的经典剧情进行探究，充分发挥了想象力，不但剧情曲折离奇、引人发笑，而且在文章末尾还植入了六神花露水的营销信息，在关注自媒体的年轻人群体中达到了很好的品牌宣传效果。此外，六神花露水也凭借着与“王左中右”等自媒体人的合作，提升了品牌在年轻人心中的影响力，从而获取了他们的好感与支持。

案例总结：

椰树椰汁 2015 年的年销售额达到 50 亿元左右，云南白药的品牌价值高达 185 亿元，姚记扑克的市值在 70 亿元左右。这些看似普普通通的商品，为何会有如此巨大的影响力呢？答案就在于它们各自有效的营销与销售策略。接下来，我们就总结一下日用品的具体营销与销售方法。

1. 刚需定位

对日用品市场进行详细的调查，找到人们的刚需，是日用品营销十分重要的方法。在这方面，姚记扑克就做得较好。它通过对中国 iOS 市场的调查，发现《欢乐斗地主》在 iOS 下载榜中基本占据了较高的位置，由此确定纸牌类游戏依然是客户的“刚需”，并展开了相应的宣传推广活动，最终取得了很好的效果。

2. 精彩创意

在互联网时代中，良好的创意往往能够取得出人意料的效果。而对于一般日用品来说，更是需要借助创意，巧妙地彰显出产品的特质，进而形成传播性，获取客户关注的目光。

3. 借势营销

借助当前热点事件，将产品和事件紧密结合起来，也是一种很好的营销方法。例如，云南白药牙膏借助黄晓明结婚事件，发布了 520（谐音：我爱你）套装系列，并将主题设置为“且以健康共白头”，彰显出美好的爱情观和健康观。产品一经推出，就取得了出色的销售业绩，可谓借势营销中的典范。